Atmen
Ein lebendiges Geschehen

Susanne Barknowitz

Atmen
Ein lebendiges Geschehen

Gesund werden · Gesund bleiben

Verlag der Stiftung Gralsbotschaft
Stuttgart

Die Deutsche Bibliothek - CIP-Einheitsaufnahme

Barknowitz, Susanne:
Atmen: ein lebendiges Geschehen / Susanne Barknowitz. -
Stuttgart: Verl. der Stiftung Gralsbotschaft, 1994
(Gesund werden, gesund bleiben)
ISBN 3-87860-244-8

1. Auflage 1994
Umschlag: Jürgen Köhlert, GDS, Grafik Design Studio GmbH, Hamburg
Zeichnungen: Monique Freyberg, Glashütten
Grafiken: Berthold Gauder, Musberg
Druck und Bindung: Offizin Scheufele, Stuttgart
Printed in Germany

»Nur wer richtig ausatmet, kann und wird selbsttätig auch das gesunde und vervollkommnete Einatmen vollziehen, ja, er ist durch rechtes Ausatmen dazu veranlaßt und gezwungen. Das gibt dem Körper Gesundheit und Kraft.

Im Ausatmen gibt *der Mensch! Er gibt etwas her, was in der Schöpfung von Nutzen ist, es sei hierbei nur der Kohlenstoff genannt, der zur Ernährung der Pflanze gebraucht wird. Rückwirkend oder nachwirkend ist* der *Mensch, der Sorgfalt auf das Ausatmen verwendet, in die Lage versetzt, tief und mit Behagen wieder einzuatmen, wodurch ihm große Kraft zuströmt, ganz anders wie bei oberflächlicher Atmung.*

Umgekehrt ist dies jedoch nicht der Fall. Der Mensch kann tief und genießerisch einatmen, ohne deshalb selbsttätig *gezwungen zu sein, auch gründlich auszuatmen; denn die meisten Menschen vollziehen gerade das Ausatmen oberflächlich.*

Sie suchen wohl genießerisch zu nehmen, doch sie denken nicht daran, daß sie auch etwas geben *sollen.«*

Abd-ru-shin

Was ist dieses lebendige Geschehen, das wir mit Atmen bezeichnen und das uns ein treuer Begleiter ist von dem Augenblick unserer Geburt an bis zu dem Moment, in dem wir unser irdisches Leben aushauchen?
Seit Jahrmillionen entwickelt sich die Erde atmend. Vom einfachsten bis zum kompliziertesten Organismus vollzieht sich ein ständiger Gasaustauschprozeß zwischen ihm und seiner Umwelt. Es wird der Sauerstoff bereitet, den wir als Menschen zum Leben brauchen. Indem wir diesen aufnehmen und Kohlenstoff abgeben, von dem andere Organismen wiederum leben, sind wir eingebettet in einen großen wechselwirkenden Kreislauf des Gebens und Nehmens.
Manche werden empfinden, daß bei dem Begriff »Atem« noch etwas anderes anklingt, vielleicht weniger greifbar als die wissenschaftlich nachvollziehbaren Prozesse in der Natur.
Ich bin dem Wort in seiner Bedeutung, seinen Wurzeln nachgegangen. Aus dem indoeuropäischen Erbe des Wortes wird erkennbar, daß es um weit mehr geht als den beschriebenen Gasaustausch.
So bedeutet im Altindischen »àtmán« Seele, Hauch, Geist. Im Althochdeutschen finden wir die Wörter »atoneian«, das bedeutet erlösen, befreien, und »wiho àtum« in der Bedeutung: der Heilige Geist!
Überrascht war ich, als mein Blick im Lexikon auf den Namen Adam fiel, der ja eine starke Lautverbindung zu dem Wort Atem aufweist. Das Wort aus dem Sanskrit bedeutet: Ich gebe.
Und dieses »Ich gebe«, welches sich im Ausatmen vollzieht, erweist sich, wie Sie später verstehen werden, als Schlüssel für einen gesunden, störungsfreien Atem.

Auch in unserem heutigen Sprachgebrauch verbinden sich mit dem Wort Atem bildhafte Vorstellungen. Was empfinden Sie, wenn Sie hören: Jemand hat Atemnot? Ein Vortrag ist zu langatmig? Es herrscht atemlose Stille? Auch das Singen erfordert einen »großen Atem«, wenn es Freude bereitet.

In östlichen Kulturen wie Indien, China, Tibet liegt das Wissen um die Heilkraft des Atems tief verwurzelt in den althergebrachten Erfahrungen des Heilwesens und kam bzw. kommt noch heute der ganzheitlichen Entwicklung vieler Menschen zugute.

Manche Indianerstämme und Ureinwohner in Hochgebirgslagen, z.B. die Hunsa im Himalaja, haben sich die Gesetze des Atems in einer Weise zu eigen gemacht, die sie in die Lage versetzt, für uns unvorstellbare körperliche Leistungen in sauerstoffarmer Luft zu vollbringen.

In unserer heutigen, westlichen Zivilisation werden wir in erster Linie auf den Atem aufmerksam, wenn er uns stört und nicht mehr so funktioniert, wie wir es wünschen. Die sogenannten Atemstörungen nehmen in erschreckendem Maße zu, zurückzuführen auf unsere heutige unnatürliche Lebensweise. Verschmutzung der Luft, falsche Ernährung, Übertechnisierung, mangelnde Bewegung und nicht zuletzt die Erziehung zu äußerer wie innerer Bequemlichkeit (man möchte oft meinen, dies sei ein Lebensziel) verhindern eine freie, freudeschaffende Atembewegung. Es zeigt sich darin unsere Einstellung zum Leben überhaupt.

Wenn ich nun im folgenden versuche, Ihnen das rechte »Atmen« näherzubringen, so geht es mir in erster Linie darum, die natürlichen Gesetzmäßigkeiten des Atems aufzuzeigen. Damit meine ich, daß ich dem Atemgeschehen keine konstruierte Atemtechnik aufzwingen darf, in der der Atem nach bestimmten Vorstellungen geführt wird, etwa durch Zählen, Anhalten, Einsaugen, künstliches Verlängern oder Verkürzen usw.; vielmehr kann es nur darum gehen, den natürlichen, ursprünglichen Atem kennenzulernen durch eigenes Erleben, ihn zuzulassen und ihm Möglichkeiten zu geben, sich zu entfalten.

Dieses vollzieht sich nicht durch gewolltes, verstandesmäßiges Einwirken, sondern durch Hingabe und ein bewußtes Sicheinfügen. Jegliches Mystifizieren liegt mir dabei vollkommen fern, es würde nur - wie entsprechende Erfahrungen zeigen - verschleiern und verwirren. Natürliches Geschehen aber zeichnet sich durch Einfachheit und Klarheit aus, frei von spektakulären Sensationen und konstruierten Phantasien. Das Echte, Wahre vermögen wir nur in der Einfachheit zu erkennen - es bürgt gleichsam für sie:

»Seid *einfach* in dem Denken und dem Tun; denn in der Einfachheit liegt Größe und auch Stärke! Ihr gehet dadurch nicht zurück, sondern voran und füget einen *festen* Bau zu einem neuen Sein, in dem sich jeder Mensch zurechtfindet, weil er nicht mehr verworren und verwickelt ist, sondern in jeder Weise übersehbar, hell und klar, mit einem Wort: gesund, natürlich!«

Mit Hilfe der Gralsbotschaft »Im Lichte der Wahrheit« von Abd-ru-shin, aus der das vorausgehende Zitat stammt (Vortrag »Siehe, was Dir nützet!«), ist es mir möglich geworden, übergeordnete Zusammenhänge zu erkennen, den Atem in ein Gesamtgeschehen einzugliedern und darin klare Bahnen und eine tiefe Einfachheit zu finden.

Ich werde immer wieder auf dieses Werk zurückkommen. Es schildert nicht nur den Aufbau der Schöpfung und die seit jeher darin wirkenden unverrückbaren Gesetze; sondern auch den für den Menschen sich daraus ergebenden Weg.

Mein Dank gilt an dieser Stelle Ilse Middendorf und ihren Assistenten, die mir während meiner Ausbildung durch ihr Wissen und ihre Erfahrungen eine sichere Grundlage vermittelt haben. Zahlreiche Übungen, die im zweiten Teil des Buches aufgeführt werden, gehen auf Ilse Middendorf zurück.

Susanne Barknowitz, Innsbruck, Mai 1994

»Blut ist ein ganz besondrer Saft...« klingt Goethes Satz im Volksmund. Doch wem ist bewußt, was mit diesem besonderen Saft gemeint ist, und wer weiß davon, daß Atmung und Blut in einem direkten, wechselseitigen Zusammenhang stehen?
Atmen bedeutet: erfrischende Zufuhr von lebensspendendem Sauerstoff bis in die kleinsten Bausteine des menschlichen Organismus, die Zellen, durch die einströmende Luft während des Einatmens und die notwendige »Entsorgung« des für den Körper schädlichen Kohlendioxyds während des Ausatmens. Das Blut dient dabei als Träger, als Transportmittel. An seiner Farbe können wir erkennen, ob es sauerstoffreich (hellrot) oder kohlenstoffreich (bläulichrot) ist. Besonders aber von den roten Blutkörperchen, die den Transport von Sauerstoff übernehmen, ist unser Blut geprägt, und einem fleißigen Magneten gleich bildet es die »Ausstrahlung«, die unseren Geist hält.
Der Begriff Geist bedarf dabei einer kurzen Erklärung. Denn im alltäglichen Sprachgebrauch finden wir, daß der Begriff »Verstand«, auch »Intellekt«, mit »Geist« verwechselt wird. Geist aber ist das einzig Lebendige im Menschen, sein innerster Kern, sein Ich. Alles andere sind nur Hüllen, deren äußerste der Erdenkörper ist. Heute sind auch weite Teile der Wissenschaft schon bereit, das Vorhandensein des Geistes anzuerkennen. Denn ohne seine Einbeziehung müssen alle den Menschen betreffenden Bemühungen oberflächlich und leer, im Grunde unverständlich bleiben.
Kommen wir zurück zum Atemvorgang. Ein Mensch ist in der Lage, über viele Tage, sogar Wochen, Hunger und Durst zu leiden, doch nur

wenige Minuten kann er leben, ohne zu atmen! Nicht mehr atmen bedeutet also abgeschnitten sein von lebenspendender Kraftzufuhr.
Wie erwähnt, nimmt der menschliche Organismus im Atemvorgang infolge weitreichender chemischer Prozesse Sauerstoff auf - von Pflanzen bereitet - und scheidet das für die Pflanzenwelt notwendige Kohlendioxyd wieder aus. Dieser Gasaustausch findet in den Lungenbläschen statt, unbewußt und für uns nicht wahrnehmbar.
Um diesen Gasaustausch zu ermöglichen, muß etwas vorausgehen, nämlich das, was wir unter Atembewegung verstehen. Was ist damit jedoch gemeint?
Das hochdifferenzierte Geschehen der Atmung wird reguliert mit Hilfe des Atemzentrums, einer Ansammlung von Nervenkernen im verlängerten Mark, also im hinteren Gehirn, dem sogenannten Stammhirn. Es liegt dort gut geschützt und ist selbst in Narkose und Tiefschlaf nicht störbar, wie alle vegetativen Vorgänge. Das Atemzentrum registriert Informationen über den Spiegel von Sauerstoff und Kohlendioxyd im Blut und reagiert entsprechend, indem es Impulse über dazu bestimmte Nerven an das Zwerchfell als Hauptatemmuskel und an die Atemhilfsmuskulatur weiterleitet.
Auf diese Weise angeregt, senkt sich das Zwerchfell nach unten und leitet die Einatmung ein. Als Folge davon können sich Brustkorb und damit auch Lungen weiten. Es entsteht ein Unterdruck in der Lunge, und die Atemluft strömt ein. Sobald wieder genug Sauerstoff im Blut vorhanden ist, schwingt das Zwerchfell in die Ausgangslage zurück. Das Senken und Zurückschwingen des Zwerchfells, das von selbst geschieht, macht sich für uns bemerkbar durch ein Weit- und Schmalwerden der Körperwände. Wir können diesen Vorgang bei anderen Menschen in unserer unmittelbaren Umgebung *sehen* und bei uns selbst *spüren*, besonders deutlich, wenn wir unsere Hände zum Beispiel auf den Bauch legen. Wenn sich das Zwerchfell senkt, weitet sich eine Druckwelle nach unten aus. Man kann ihre Auswirkung mit einem Stein vergleichen, den man ins Wasser wirft: Seine ringförmigen

Bewegungswellen setzen sich fort und ziehen weite Kreise. Gleichzeitig spürbar und damit zusammenhängend weitet sich der Brustraum. Kehrt das Zwerchfell im Ausatmen wieder in seine Ausgangslage zurück, schwingen damit auch die Körperwände wieder zurück.
Wenn ich von Atem spreche, den jeder in sich selbst erfahren kann, so meine ich diese Bewegung des Zwerchfells, die durch den ganzen Körper schwingen kann, sofern dieser durchlässig und frei ist. Atmen ist also eine spürbare innere Körperbewegung (Abbildung Seite 16).
Wo befindet sich nun dieses für die Atmung so bedeutsame Zwerchfell? Es liegt in der Mitte des Rumpfes, seine Ränder setzen am unteren Brustbein und den unteren Rippenbögen an und reichen über die Seiten bis hinten zur Innenseite der Lendenwirbelsäule. Das Zwerchfell ist der größte (!) Muskel im Körper.
An dieser Stelle möchte ich bereits darauf hinweisen, daß eine gute Haltung wesentliche Voraussetzung für eine gesunde, freie Atembewegung ist. Später werde ich noch ausführlich darauf eingehen. Die Atembewegung, d.h. die Schwingungen des Zwerchfells, setzt sich bei gelöster (das bedeutet nicht schlaffer) Muskulatur und lockeren Gelenken fort über die Beine bis in die Füße; von den Schultern über die Arme bis in die Hände und über die Halswirbelsäule bis in den Kopf - je weiter entfernt vom Zwerchfell, um so feiner in der Schwingung. Die freie, optimale Zwerchfellbewegung nimmt eine zentrale Bedeutung ein in der Gesunderhaltung des gesamten Organismus - denn Bewegung bringt immer Erhaltung und ist Ausdruck des Lebendigseins. Stillstand dagegen führt sehr schnell zur Rückentwicklung, damit auch zur Krankheit und schließlich zur Erstarrung.
Die gesunde, natürlich zugelassene, d.h. ungehemmte Bewegung des Zwerchfells ist gleichzusetzen mit einer feinen Massage aller Organe, besonders des Bauchraums - Organe wie: Leber, Magen, Nieren, Bauchspeicheldrüse, Därme. Sie unterstützt den Fluß der Säfte wie: Gallenfluß, Bauchspeicheldrüsensäfte, Lymphe, und vor allem den Blutkreislauf. Da auch ein Teil des Herzens mit dem Zwerchfell ver-

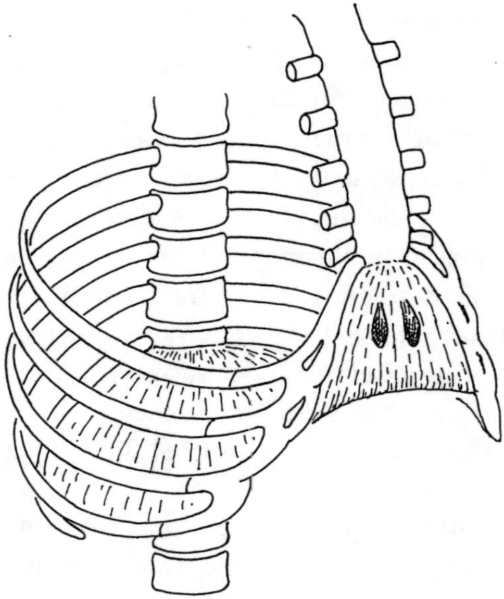

Zwerchfellbewegung in der Einatemphase

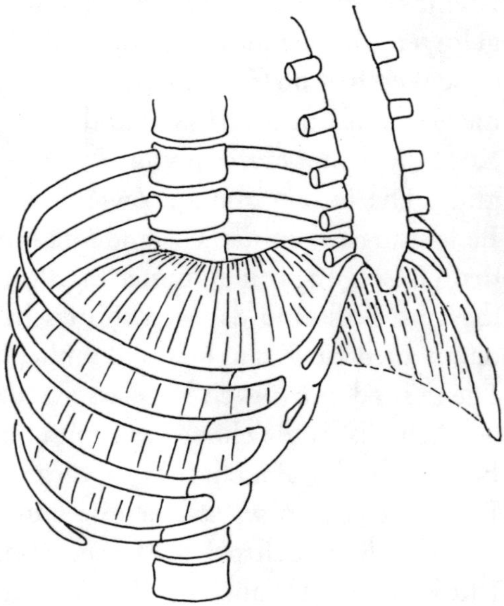

Zwerchfellbewegung in der Ausatemphase

bunden ist, wird dessen Tätigkeit ebenfalls durch die Atembewegung angeregt.
In einem Artikel der Zeitschrift »Raum und Zeit« wird berichtet, daß die Atembewegung der Motor für den Kreislauf der Gleitflüssigkeit ist, welche durch das Einatmen (Senken des Zwerchfells) in das Rückenmark hinabgezogen und während des Ausatmens (Zurückbewegung des Zwerchfells) wieder zum Gehirn zurückgedrückt wird. Auch die vegetativen Nervengeflechte werden angeregt. Das viel erwähnte Sonnengeflecht schließlich befindet sich direkt unter dem Zwerchfell. Ich nenne diesen Bereich: Zwerchfell-Herz-Sonnengeflecht-Leber-Nieren gerne den »Gemütsbereich«. Mit Gemüt meine ich dabei die Ausdrucksform des Geistes. Über das Sonnengeflecht leitet der Geist seine Kraftwellen an den Körper weiter. Daher kommt es auch , daß man in dieser Gegend des Körpers, also zwischen Brustbein und Nabel - an späterer Stelle von mir auch »Mitte« genannt - seelische Impulse und Erschütterungen körperlich am deutlichsten wahrnimmt. Davon zeugen bildhafte Redewendungen wie: »es wird mir warm ums Herz« oder »mir ist eine Laus über die Leber gelaufen« oder »ihm kommt die Galle hoch« oder »das ist ihr an die Nieren gegangen«. Lachen und Weinen sind impulshafte Erschütterungen des Zwerchfells: Schmerz, Schreck, aber auch Freude lösen tiefgehende Reaktionen in der »Magengegend« aus. Jedenfalls liegt die Vermutung nahe, daß die Zufuhr geistiger Kraftströme über das Sonnengeflecht an den Körper erst uneingeschränkt gewährleistet ist, wenn das Zwerchfell frei und gelöst arbeitet (Abbildung Seite 18).

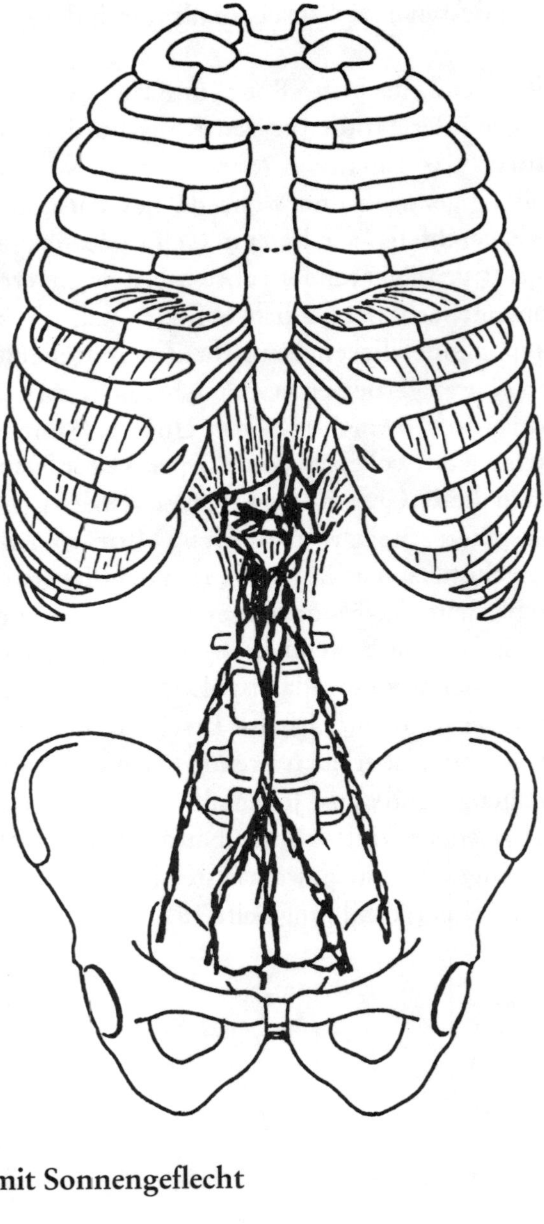

Zwerchfell mit Sonnengeflecht

1. Innere Sammlung

Die meisten Menschen, die in meine Praxis kommen, suchen Hilfe, weil sie sich derart verspannen und verkrampfen, daß sie selbst keinen Weg mehr finden, sich daraus zu lösen.
Dies sind Verspannungen unterschiedlichster Ursachen. Oft liegen ihnen familiäre oder zwischenmenschliche Probleme zugrunde oder die heute ständig auf uns einwirkende künstliche Reizüberflutung sowie manche Überforderung am Arbeitsplatz und in verschiedenen anderen Tätigkeitsbereichen.

Ein Beispiel:
Eine Patientin berichtet, daß sie abends sehr schwer einschläft. Sie versucht, sich einzureden, daß sie nun endlich Ruhe hat und nichts mehr tun und denken muß; doch das gelingt ihr nicht. Sie fühlt sich eng, verkrampft, ruhelos und wacht am nächsten Morgen in demselben Zustand wieder auf, in der Regel mit vermehrten Schmerzen im Rücken und Schulterbereich.
Wunsch und Vorstellung reichen also nicht aus, diesen quälenden Zustand zu ändern. Der Leidende muß selbst etwas *tun*, muß selbst versuchen, einen Wandel herbeizuführen - ihm stehen dazu mehr Möglichkeiten zur Verfügung, als er annimmt.
Normalerweise spüren wir unseren Körper nur, wenn er sich extrem bemerkbar macht, etwa durch Schmerzen. Mit Hilfe der Nerven, des Tastsinnes sind wir in der Lage, tief in unseren Körper und die organischen Vorgänge hineinzuspüren und Zusammenhänge wahrzunehmen, wenn wir uns Zeit und Ruhe dazu nehmen.
Mit der erwähnten Patientin erarbeite ich folgende Übung:

Sie liegt in Rückenlage auf der Behandlungsliege. Zunächst fühlt sie sich wie immer, weiß nichts mit ihrem Körper anzufangen. Sie spürt ihn kaum. Ich fordere sie auf, in ihren rechten Fuß hineinzuspüren, die Berührung mit der Liege wahrzunehmen, sich bewußtzumachen, daß die Liege sie trage und daß sie das Gewicht des Fußes abgeben könne. Auf diese Weise gehen wir einen Bereich nach dem anderen im ganzen Körper durch, bis sie bewußt wahrnimmt, daß der ganze Körper getragen wird und sie ihr Eigengewicht abgeben kann. In demselben Maße, wie ihr das gelingt, braucht sie selbst nicht festzuhalten. Das ist ein Naturgesetz.

Was zu Anfang noch schwerfällt, gelingt allmählich immer besser - durch innere *Sammlung*. Mit dieser Sammlung sind bewußte Anwesenheit und Hingabe zugleich gemeint. Würde sie während der Übung, was auch manchmal vorkommt, mit ihren Gedanken woanders sein, nicht realisieren und umsetzen, was ich ihr anbiete, geschähe kaum etwas, sie würde nach der Übung keine Wirkung wahrnehmen. Ist sie aber ganz bei der Sache, das heißt, nicht nur mit den Gedanken, sondern mit ihrer ganzen Persönlichkeit, in einem inneren Hinlauschen zu der betreffenden Stelle, so stellt sich verblüffende Wirkung ein. Das Getragensein wird bewußt erlebt, es ist ja Realität, Gesetz.

Und dieses Erleben schafft die Brücke zum Geist. Nach und nach löst sich das Festhalten, der Körpertonus verändert sich, nimmt über die Sammlung den idealen Tonus an, der weder Überspannung noch Erschlaffung meint, sondern Grundlage sowohl zur Ruhe als auch zu gesunder Aktivität bildet. Die Körperwände werden weiter, es entsteht auf diese Weise ein inneres Raumgefühl, und der Atem bewegt sich als Folge davon freier und tiefer durch den ganzen Körper. Gedanken ordnen sich, manchmal verschwinden sie sogar ganz, und auch das Gemüt wird erreicht, Stimmungen ändern sich. Das alles geschieht natürlich in der Regel nicht gleich beim ersten Mal, sondern es ist ein Entwicklungsprozeß.

Erst im bewußten Erleben des Getragenseins kann ich wirklich loslassen, und dieses Loslassen ist kein körperlicher Vorgang, es zeigt sich nur im Körper, ist aber von seelischer Qualität.
In diesem Daseinszustand kann sich der Mensch leichter öffnen. Mit der natürlichen Lockerung des Körpers wird auch rückwirkend das Geistige in uns freier und damit die Aufnahmefähigkeit für Geistiges verstärkt, die Sehnsucht danach erwacht.

Ein weiteres Beispiel:
Ein Patient sitzt in guter Haltung (vgl. Kap. »Körperhaltung«) auf dem Hocker. Ich sitze seitlich neben ihm und lege meine Hand auf sein Kreuzbein. Nun gibt es verschiedene Möglichkeiten. Wenn wir beide nicht ganz »bei der Sache« sind, ist im nachhinein für den Patienten keine Veränderung zu spüren, eventuell ein wenig Wärme durch das Handauflegen. Bin ich ganz gesammelt, der andere aber nicht, so tut sich auch wenig. Ich spüre, daß der andere abwesend ist. Es fühlt sich seltsam leer an unter der Hand. Erst wenn die Sammlung beider vorhanden ist, stellen sich deutliche Reaktionen ein. Manchmal geht ein leises, nachgebendes Rucken durch den Körper.
Sowohl meine Hand als auch der Kreuzbeinbereich des anderen werden immer wärmer. Und allmählich schwingt eine feine Bewegung durch das Kreuzbein bis zu meiner Hand - die Atembewegung. Zu Anfang, wenn der andere noch ungeübt ist in der Wahrnehmung, bleibt die Atembewegung so fein, daß er sie selbst noch nicht bemerkt. Mit zunehmendem Vertrautwerden und innerem Nachgeben wird die Bewegung tiefer und größer, so daß der Patient selbst sie auch erlebt.

Ein letztes Beispiel:
Der Patient liegt wieder auf der Behandlungsliege in Rückenlage. Ich hebe eines seiner Beine an und bewege es vorsichtig im Hüftgelenk, dabei muß ich ihm einen guten Halt vermitteln, damit er das Bein von mir tragen lassen kann. Zunächst wird es viele Unebenheiten und

Widerstände in der Bewegung geben, doch je mehr er versucht, sein Bein zu spüren, es auszufüllen und mir zu überlassen in der Bewegung, um so deutlicher kann er wahrnehmen, *wo* er noch loslassen kann und *wie* er es tun muß.
Manche Menschen ziehen sich ein wenig aus ihrem Körper heraus, besonders aus den Bereichen, die schmerzhaft, unangenehm oder geschwächt sind. Auf die vorausgehende Übung bezogen, würde das Bein sich in diesem Fall ganz leicht anfühlen und sogar sehr beweglich sein. Dabei wird wieder deutlich, daß der Patient nicht ganz »anwesend« ist, sein Bein nicht ausfüllt. Man kann ihn selbst über die Bewegung nicht erreichen, der Atem reagiert nicht. Er bleibt klein und flach.
Erst in der Hingabe, das heißt, wenn er sich ganz hineingibt in die Bewegung, folgt ein tiefer, freier Atem nach unten, es entsteht Weite.

2. Atem als Brücke zwischen Körper und Geist

Die Gralsbotschaft erklärt, daß wir unseren Körper als Hülle zur Reifung unseres Geistes auf der Erde benötigen. Er dient dabei als Werkzeug des Geistes, um sich hier auf Erden überhaupt betätigen zu können:

»Gerade aber das Beachten des gesunden *Körpers ist ein dringendes Erfordernis.
Der Mensch soll dem* gesunden *Körper geben, was er braucht, soll ihn beobachten mit aller Sorgsamkeit, die man dem notwendigsten Werkzeuge für richtige Betätigung in dieser Grobstofflichkeit angedeihen lassen muß. Er ist ja doch das* Kostbarste, *das jeder Erdenmensch für seine Erdenzeit erhielt.«* (Vortrag »Der Erdenkörper«)

Damit besteht für uns die Verpflichtung, mit unserem Körper sinnvoll und natürlich umzugehen, ihn zu pflegen und zu fördern, und zwar in individueller Art.
Zwischen Körper und Geist besteht eine Verbindung, ein gegenseitiges Wechselspiel; das heißt, eine einseitige Entwicklung eines der beiden Teile würde ein harmonisches Zusammenwirken beider stören.
Es ist ein Ziel der Atemarbeit, den Körper wieder richtig zu bewohnen, in ihm zu leben. Durch den Atem bzw. die natürlichen Kräfte, die mit ihm wirken, vermag sich die Strahlungsverbindung zwischen Körper und Geist zu stärken, die gegenseitige Anziehung kräftigt sich, und damit auch die Betätigungsfähigkeit beider.
Das geschieht nicht, indem ich mir vornehme, den Atem bewußt in einen Körperteil zu schicken, vielmehr, indem ich körperlich und seelisch die Möglichkeiten dazu schaffe, z.B. durch Lösen von Verkrampfungen und Blockierungen, so daß sich der Atem ausbreiten kann und der Körper Gefäß wird für die Atembewegung. Für die geübte Hand des Behandelnden ist es möglich zu spüren, ob zwischen Körper und Geist eine relativ lockere, ungesunde oder eine stabile, gesunde Verbindung besteht, und zwar an der Qualität des Atems.
Menschen zum Beispiel, die häufig meditieren oder einen sogenannten geistigen Schulungsweg gehen, oder auch Menschen, die sich gerne von der Realität lösen und Träumen und Phantasien nachgehen, haben sich häufig so weit von ihrem Körper entfernt, daß ihre innere Anwesenheit im Atem kaum mehr zu spüren ist - er ist »leer«.
An dieser Stelle erscheint es mir angebracht, deutlich zu sagen, daß ich mich von allen jenen Atemlehren abgrenzen möchte, die den Atem benutzen - etwa durch Hyperventilieren (verstärktes, willentliches Atmen) oder gewollte Unterbrechungen des natürlichen Atemflusses -, um dadurch sogenannte »erweiterte Bewußtseinszustände« zu erlangen. Dieses geschieht durch eine Verschiebung des Sauerstoff- bzw. Kohlenstoffgehaltes im Blut und wirkt sich auf die Tätigkeit des Gehirns aus, ähnlich wie bei der Einnahme von Drogen.

Die natürliche, harmonische Strahlungsverbindung zwischen Körper und Geist ist damit gestört.
Immer wieder finden sich Menschen mit solchen Erfahrungen bei mir ein. Sie nehmen die Störungen wahr, ohne sie sich recht erklären noch sich davon befreien zu können.
In meiner Atemarbeit wird diesen Menschen ihr Zustand bewußt, und je nach der eigenen Bereitschaft ist es möglich, nach einer längeren Serie von Atembehandlungen wieder einen *konkreten* Zugang zu ihrem Körper und damit auch zu ihrem Da-sein zu finden. Interessanterweise wird die Übergangsphase während der Behandlungen nicht selten begleitet von Zuckungen, ähnlich denen zwischen Schlaf- und Wachzustand. Diese legen sich dann, sobald der Körper wieder richtig in Besitz genommen ist. Die Veränderung vollzieht sich, indem durch vertiefte Wahrnehmung und *neue* Bewegungsmöglichkeiten auch *neue* Nervenimpulse angeregt werden, die schließlich im Gehirn ihren festen Platz einnehmen und dadurch zur unbewußten Selbstverständlichkeit werden.
Ein gesunder Atem trägt zwar wunderbar zur Harmonisierung der Strahlungsverbindung zwischen Körper und Geist bei, bietet jedoch selbstverständlich keine Garantie für den Aufstieg des Geistes, dessen Aufgabe darin besteht, die unverrückbaren Gesetze der Schöpfung immer besser verstehen zu lernen und sich einzufügen. Darin wissend geworden, ist er zur Mitwirkung im Schöpfungsgetriebe aufgerufen.
Ein richtiger Atem ebenso wie eine gesunde Ernährung können freilich nur den guten Boden für das eigene Wollen des Geistes bilden. Und allein dieses Wollen des Geistes ist ausschlaggebend für den menschlichen Aufstieg.
Ich erwähne dies besonders, weil es heute sehr verbreitet ist, in Körper- und Atemübungen das Seelenheil zu suchen. Das wird nicht gelingen aus den eben genannten Gründen. Es ist aber möglich, anhand des Atems die Schöpfungsgesetzmäßigkeiten *in* uns selbst zu erleben. Dazu muß erstens die Arbeit mit ihren Übungen in diesen

erwähnten Schöpfungsgesetzen stehen, und zweitens muß ich diesen Weg auch im Innersten mitgehen. Mit anderen Worten:
Ich muß mir von innen her den Weg suchen und bereiten für die freie Atembewegung und Entwicklung der körperlichen Kräfte. Der Körper und auch besonders der Atem sprechen eine deutliche Sprache. Erst im Erleben der Schöpfungsgesetze ist gewährleistet, daß die Atemtherapie nicht zum Selbstzweck wird, sondern ein Mosaikstein zum Einschwingen in das gesamte Schöpfungsschwingen.

Übungen zum Lösen und Bewußtwerden des Körpers und zur Erfahrung der Atemräume:

1. Sie setzen sich auf einen Hocker, der Ihrer Sitzhöhe entspricht, und legen den Unterschenkel des einen Beines über den Oberschenkel des anderen. Dann nehmen Sie Ihre beiden Hände und umschließen das Fußgelenk; Ihre Hände bilden einen Ring um das Fußgelenk. Nun wenden Sie sich ganz dorthin mit Ihrer Wahrnehmung, die Hände spüren das Fußgelenk, das Fußgelenk spürt die Hände. Wenn Sie merken, daß Ihre Wachsamkeit nachläßt, nehmen Sie die Hände weg und setzen den Fuß wieder auf den Boden. Nun vergleichen Sie beide Füße. Sie werden bemerken, daß sich die Füße recht unterschiedlich anfühlen.
Es ist immer wichtig, was Sie *selbst* fühlen, und das kann jedesmal etwas anderes sein, auch bei derselben Übung. Hier also nur einige Möglichkeiten der Veränderungen, die sich einstellen können, nachdem der Fuß in beschriebener Weise bearbeitet wurde. Er kann sich tiefer aufliegend am Boden anfühlen, er kann wärmer werden, leichter, manchmal auch schwerer, pulsierender, belebter und bewußter wahrnehmbar als vorher und auch im Vergleich zum anderen Fuß.
Anschließend bearbeiten Sie den anderen Fuß in gleicher Weise.

2. Sie stehen, die Füße befinden sich parallel zueinander, die Knie sind gelöst. Nun beginnen Sie, von den Fußgelenken ausgehend, leicht auf- und abzufedern, dabei löst sich die Ferse jedesmal ein wenig vom Boden und setzt wieder auf. Wichtig ist, daß Sie beim Aufsetzen der Fersen jedesmal in den Knien stark nachgeben, sonst hält der Rücken fest und es gibt Stauchungen in der Wirbelsäule. Während dieses Auf- und Abfederns lassen Sie die Bewegung allmählich durch alle Gelenke hindurch und versuchen, diese locker zu lassen: durch die Knie, die Hüften, die Wirbelsäule, die Schultern, den Nacken, und lassen zuletzt auch noch den Unterkiefer locker.
Wenn das Federn am Anfang noch zu anstrengend ist in den Waden, setzen Sie sich bald wieder und spüren nach, wie die Bewegung weiter wirkt in Ihrem Körper. Das Nachspüren empfiehlt sich übrigens im Anschluß an jede Übung, denn oft stellt sich eine tiefe Wirkung erst im nachhinein ein, die Sie auf diese Weise bewußt erleben können.
Nach dem Federn werden Sie bemerken, wie sich Ihr ganzer Körper auch tief innen, nicht nur an der äußeren Schicht, bewegter und freier anfühlt. Der Atem kann nun von selbst tiefer und freier durchschwingen. Manches Festhalten löst sich.

3. Sie sitzen wieder gelöst auf dem Hocker (vgl. Sitzhaltung), die Füße ruhen mit ganzer Sohle auf dem Boden. Nun verlagern Sie Ihr Gewicht auf einen Sitzknochen, von dort aus nach hinten zum Steißbein (dabei rundet sich die Lendenwirbelsäule!), weiter zum anderen Sitzknochen, und über vorne geht es dann weiter in der beschriebenen Reihenfolge, so daß allmählich durch Gewichtsverlagerung ein gleichmäßiges Kreisen des Beckens entsteht. Wichtig ist, daß die Bewegung wirklich vom Becken ausgeht, der Oberkörper bleibt dabei ganz locker. Sobald die Bewegung harmonischer und fließender wird, spüren Sie, ob auch die Bauchdecke locker bleiben kann und ebenso die Beine. Wählen Sie auch einmal die andere Richtung. Während Sie nachspüren, wird sich manches bemerkbar machen. Sie werden

Lockerung und verstärkte Durchblutung spüren. Durch die Lösung auch der inneren Muskulatur kann ein ganz neues Raumgefühl im Becken entstehen; Sie meinen, dort nun mehr Platz zu haben. Und das ist die Voraussetzung, daß sich die Atembewegung auch im Becken, im unteren Atemraum, zu dem auch noch Beine und Füße gehören, ausbreiten kann. Nach einigem Üben werden Sie feststellen, daß der Atem sich nach dem Beckenkreisen von selbst im Becken einstellt.
Versuchen Sie, diese Übungen nicht wie gymnastische Übungen rein mechanisch ablaufen zu lassen, sondern sich ganz einzufühlen und gesammelt zu sein.
Dann werden Sie bemerken, wie eine äußere Bewegung tief nach innen wirken und Einfluß auf den Atem nehmen kann.

4. Zum Erleben des mittleren Raumes vollziehen Sie einmal folgende Übung nach. Sie setzen sich auf den Hocker, so daß der mittlere Raum - er befindet sich zwischen Nabel und unterem Brustbein - möglichst frei bleiben kann. Also keinen Rundrücken machen, denn dann ist die vordere Mitte eingezogen. Sie sollten auch nicht überaufgerichtet sitzen, denn dann ist die hintere Mitte unbeweglich und fest.
Nun streichen Sie mit beiden Händen ringsherum den ganzen mittleren Bereich aus, auch an den Seiten und hinten. Sie können hinten auch einmal etwas fester in die Muskulatur hineingreifen, sie kneten und aufdehnen. Anschließend spüren Sie diesen Ring, den Sie gestrichen haben und in dessen Höhe übrigens auch das Zwerchfell ansetzt, und kreisen dort von innen entlang, so daß Sie jeden Zentimeter mit Ihrer Wahrnehmung erfassen. Man kann sich auch ein Bild zu Hilfe nehmen: als ob eine Kugel von innen an dem Ring entlangkreist.
Beim Nachspüren werden Sie bemerken, daß sich der ganze Bereich viel weiter anfühlt. Sie können dann noch eine Hand vorne auf die Mitte legen, die andere mit dem Handrücken genau gegenüber auf den Rücken und den Raum zwischen Ihren Händen spüren. Für viele ist es

sehr angenehm, sich im mittleren Raum einzufinden und zu fühlen. Eine Patientin sagte einmal sehr froh: »Es ist, als ob ich nach Hause gekommen sei.« In der Mitte finden Sie mit dem Sonnengeflecht als Mittler den stärksten Zugang zu sich selbst.

5. Im Sitzen tasten Sie zunächst eine Schulter ab, spüren ihre Konturen, die Beschaffenheit. Oft fühlt sie sich ganz anders an als das Bild, das in der Vorstellung von ihr existiert. Nachdem Sie auch die andere Schulter mit den Händen belebt haben, beginnen Sie mit einer Schulter langsam zu kreisen, von vorne nach oben, hinten, unten. Sie fühlen sich hinein in die Bewegung, versuchen sie durch das Gelenk hindurchzulassen, bis sie runder und harmonischer wird.
Beim Nachspüren werden Sie bemerken, daß sich die bearbeitete Schulter größer und belebter anfühlt, auch hier kann ein Raumgefühl entstehen.
Sie erarbeiten die andere Schulter in gleicher Weise und spüren dann im nachhinein, in welcher Weise der Atem antwortet. Sie werden nun wahrscheinlich auch im oberen Raum Atembewegung wahrnehmen können, die jedoch, wenn sie wirklich von selbst kommen darf, zarter und feiner ist in ihrer Qualität als im unteren oder mittleren Raum.

6. Ebenfalls im Sitzen lassen Sie beide Arme hängen. Zur Unterstützung können Sie das Bild einer Waage nehmen: Die Schultern bilden den Waagebalken, an den Armen befinden sich die Waagschalen, Kopf und Nacken bilden das Zünglein an der Waage. Nun neigt sich eine Schulter nach unten, der Kopf geht leicht in die Gegenbewegung, so daß sich die seitliche Halsmuskulatur aufdehnt. Darauf setzt die andere Schulter an und dehnt sich nach unten, während der Kopf leicht in die andere Richtung geht. Während sich die Schulter dehnt, kommt der Einatem von selbst, im Ausatem geht der Kopf zurück zur Mitte. Bei dieser Übung können sich neben der Schultermuskulatur auch Nacken und Kiefer lösen.

3. Atemrhythmus - Atemkraft

»Sie sprechen wie Sie atmen. Sie atmen wie Sie leben. Sie leben wie Sie sind...
Darum ist auf dem Weg der Selbsterkenntnis der Atem ein untrüglicher Führer. An unserem Atem können wir ablesen, in welchem Zustand wir uns befinden. Daraufhin können wir mit Hilfe der Arbeit am Atem die Arbeit am eigenen Wesen beginnen, am Atem können wir sie kontrollieren, am Atem ihr Fortschreiten gewahr werden.«

Diese Worte von Alice Schaarschuch, einer erfahrenen Atemlehrerin, haben mich sehr angesprochen. Ich fand sie in meiner langjährigen Praxistätigkeit bestätigt und bin keinem Menschen begegnet, der den gleichen Atemrhythmus gehabt hätte wie ein anderer. Bis in die tiefsten Feinheiten ist Atem Ausdruck absoluter Individualität. Persönliche Geschichte, gegenwärtiger Zustand, das, was jeder einzelne denkt, fühlt, selbst das, was er gerade sieht oder wie er sich bewegt, alles drückt sich in jedem Atemzug aus. Jeder Mensch hat einen Atemrhythmus, der ihm ganz und gar entspricht, doch ist dieser oft zugedeckt und tief vergraben. Behutsam kann er Schritt für Schritt freigelegt werden, einhergehend mit zunehmender Erkenntnis seiner selbst. Atem gibt immer eine aufrichtige Antwort, sofern wir sie hören wollen. Mit Worten können wir lügen, im Atem nicht; daher kann er uns ein echtes Leitseil werden.
Man ist oft bestrebt, eine Regelmäßigkeit, d.h. Gleichheit in seine Atemzüge hineinzubringen. Rhythmus bedeutet jedoch nicht absolut gleiches Wiederholen des Vorangegangenen, sondern lebendige, aneinandergereihte Bewegung auf gleicher Grundlage, in gleicher Art.
Weit entfernt sind wir heute von dem Ursprung dieses Begriffes. Das Wort »rhythmos« kommt aus der griechischen Antike, es hängt zusammen mit dem griechischen Verb für »fließen« und bedeutet etwa: eine fließend-lebendige Ordnung, die immer wieder neu sich zusam-

menfügt. Im Atmen erfahren wir das Prinzip des Wiederholens, in dem alles abgeschliffen und ausgeglichen wird.
Wie alles rhythmische Leben, birgt auch der Atemrhythmus einen freien Spielraum in sich, der immer wieder neues Werden zuläßt.
Jeder wird schon einmal erlebt haben, wie unterschiedlich sein Atem reagiert in bezug auf die verschiedenen Aktivitäten und Bewegungen, die er vollzieht. Beim schnellen Laufen oder dem Erklettern eines steilen Berges wird der Atem immer schneller und kürzer entsprechend unseres Sauerstoffbedarfs. Es kann sogar dazu kommen, daß wir eine extrem anstrengende Tätigkeit unterbrechen müssen, weil unser Atem nicht mehr mitmacht, er setzt uns eine natürliche Grenze. Bei einem Spaziergang wird sich die Atemtätigkeit unserer Gangart genau anpassen. Und wenn wir uns ausruhen, wird auch der Atem ruhiger und langsamer schwingen - diese Verschiedenartigkeit setzt sich bis ins kleinste fort. Jeder Atemzug ist neu, daher anders. Er ist lebendig - und diese Lebendigkeit gilt es zuzulassen.
Wie bereits im Kapitel über die physiologischen Zusammenhänge beschrieben, kommt und geht der Atem von selbst. Er hat in seinem offenen, rhythmischen Geschehen drei Phasen, die Dreiheit:
Ausatem - Atemruhe - Einatem.
(Abbildung Seite 31)
Der Beginn ist der Ausatem. Das erste, was ein neugeborener Mensch von sich gibt, ist ein Schrei, zumindest ein Seufzer, er atmet aus. Die Eigenschaften des Ausatems zeigen sich im Geben, Richtungweisen, in der nach außen gerichteten Aktivität, im Handeln. Danach folgt ein Moment der Ruhe, in dem gar nichts geschieht, der Mensch erwartet das Neue. Der darauffolgende Einatem ist ein einziges Sich-Öffnen, um zu empfangen, das Geschenk aufzunehmen, welches Voraussetzung ist, um weiterzuleben. Daraus fließt, ohne Unterbrechung wohlgemerkt, harmonisch der nächste Ausatem.
Manche Atemlehren sprechen hier von einer weiteren Pause nach dem Einatem, die jedoch nicht natürlich ist. In diesem Fall würde der

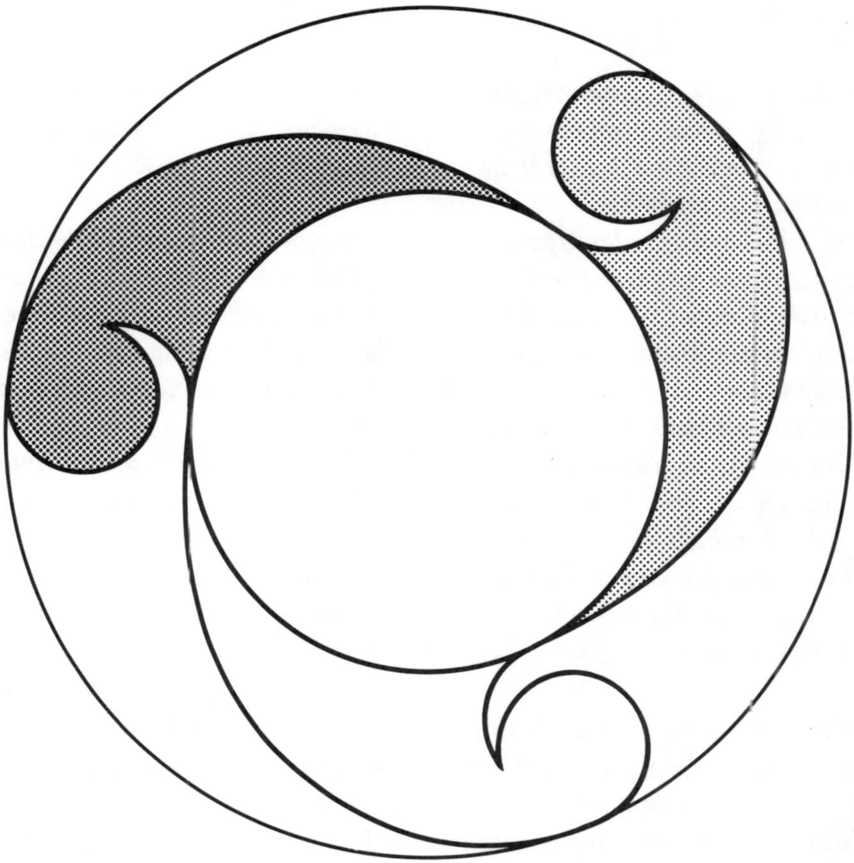

Atemrhythmus

Ausatem künstlich zurückgehalten. Im Atemrhythmus vollzieht sich das Gesetz, daß nur im Geben auch empfangen werden kann.
Das diesem Buch vorangestellte Zitat von Abd-ru-shin (aus »Fragenbeantwortungen«) soll hier noch einmal in Erinnerung gerufen werden:

»Nur wer richtig ausatmet, kann und wird selbsttätig auch das gesunde und vervollkommnete Einatmen vollziehen, ja, er ist durch rechtes Ausatmen dazu veranlaßt und gezwungen. Das gibt dem Körper Gesundheit und Kraft.
Im Ausatmen gibt *der Mensch! Er gibt etwas her, was in der Schöpfung von Nutzen ist, es sei hierbei nur der Kohlenstoff genannt, der zur Ernährung der Pflanze gebraucht wird. Rückwirkend oder nachwirkend ist* der *Mensch, der Sorgfalt auf das Ausatmen verwendet, in die Lage versetzt, tief und mit Behagen wieder einzuatmen, wodurch ihm große Kraft zuströmt, ganz anders als bei oberflächlicher Atmung.*
Umgekehrt ist dies jedoch nicht der Fall. Der Mensch kann tief und genießerisch einatmen, ohne deshalb selbsttätig *gezwungen zu sein, auch gründlich auszuatmen; denn die meisten Menschen vollziehen gerade das Ausatmen oberflächlich.*
Sie suchen wohl genießerisch zu nehmen, doch sie denken nicht daran, daß sie auch etwas geben *sollen.«*

Mangelndes Ausatmen hat zur Folge, daß z.B. zuviel Kohlendioxyd im Körper bleibt, dieses die Sauerstoffaufnahme reduziert und die Blutqualität herabsetzt. Höhere Konzentrationen von Kohlendioxyd führen im Körper des Menschen zu Kurzatmigkeit, Lähmung des Atemzentrums im Gehirn sowie zum Blutdruckanstieg. Anders betrachtet bedeutet dies, daß ich die empfangene Atemkraft umgewandelt weitergeben muß, wenn es nicht zu Stauungen und Stockungen kommen soll. Erst das Weitergeben im Ausatem schafft Raum für den neuen Einatem. Raum entsteht also durch Weitergabe. Wenn Ausatem

zurückgehalten, nicht genügend weitergegeben wird, entsteht Druck, der sich nach innen richtet.
Hier möchte ich das obengenannte Zitat von Abd-ru-shin weiterführen:

»Und wie es mit den körperlichen Dingen ist, so ist es auch mit den geistigen Vorgängen. Will ein Geist schöpfen, also empfangen, so muß er das Empfangene gewandelt weitergeben. Das Wandeln oder Formen vor der Weitergabe stärkt und stählt den Geist, der in dieser Erstarkung immer mehr und immer Wertvolleres aufzunehmen fähig wird, nachdem er Raum dazu geschaffen hat durch Weitergabe, sei es in Wort oder Schrift oder sonstiger Tat.
Es bringt ihm erst nach Weitergabe Erleichterung, sonst würde es ihn drücken, ständig belästigen oder beunruhigen und könnte ihn zuletzt sogar ganz niederdrücken. Nur im Geben, also Weitergeben kann er wiederum erneut empfangen.«

Viele werden nachvollziehen können, daß dieses Gesetz auch auf anderen Ebenen erlebt werden kann, u.a. in unseren zwischenmenschlichen Beziehungen. Ausatmen, mit anderen Worten das Geben, ist heute in der Regel bei allen Menschen reduziert und entspricht unserer gesamten Lebensweise, unserer Geisteshaltung.
In weiter fortgeschrittenen Atembehandlungen stehen schließlich nicht mehr Lösungen, Raumschaffen etc. im Mittelpunkt, sondern die Qualität des Atems, seine Substanz. Atem wird zu Atemkraft, je mehr er sich verbindet mit dem eigentlichen Menschen, je mehr beides aufeinander zuwächst und identisch werden kann.
Störungen im Atemrhythmus kommen sehr häufig vor und sind vielschichtig in ihren Ausformungen. Es bedarf eines großen Einfühlungsvermögens des Behandlers, diese zu erkennen und neue Zeichen zu setzen, an denen sich der Patient orientieren kann und die ihm Hilfe geben können in dem Gesundungsprozeß seines Atemrhythmus.

Einige Beispiele sollen der Veranschaulichung dienen, dürfen jedoch nicht schematisch übertragen werden, da hier nur ein äußeres Erscheinungsbild aufgezeigt wird, während die eigentlichen Hintergründe komplexer und vor allem individuell unterschiedlich ausgeformt sind. Ein über lange Jahre depressiver Mensch zum Beispiel zeigt in seinem Atem-Rhythmus häufig die Eigenart, sich in der Atemruhe zu verlieren, d.h. es dauert außergewöhnlich lange, bis er nach der Ausatem-Phase wieder einatmet. Wenn man ihn fragt, »wo« er gewesen sei, ist er oft ganz erschrocken und beschreibt diesen Zustand als eine Art schwarzes Loch, als ein Nichts, meistens etwas, was ihm Angst einflößt, er findet sich erst wieder im neuen Einatem. Der Behandler kann helfen, indem er immer wieder versucht, den Einatem-Impuls zu unterstützen bzw. herauszufordern, so lange, bis der Patient allmählich in der Lage ist, diesen anzunehmen und zuzulassen. Solche Momente sind oft verbunden mit einem großen Glücksgefühl, einem »Sich-Lebendigfühlen«.
Menschen, die in ihrem alltäglichen Leben keine Ruhe finden, von einer Aktivität zur nächsten hetzen, zeigen in der Regel in ihrem Atemrhythmus ein entsprechendes Bild. Ihr Atem ist klein und schnell, meistens auch flach, die Atemruhe fehlt oft völlig. Die Behandlungssituation selbst gewährleistet ja bereits ein gewisses Zur-Ruhe-Kommen, die Möglichkeit, die Atemruhe kennenzulernen durch das Warten auf den neuen Einatem. Diese Atem-Ruhe gewährt dem Rastlosen einen gewissen Anker, einen Halt in seiner Ruhelosigkeit, er lernt sie schätzen und genießen. Das Erlebte wird ihm allmählich auch im Alltag zur Verfügung stehen.
Immer wieder berichten Patienten, wie sich ihr alltägliches Leben Schritt für Schritt zu verändern beginnt.
Die Einschränkungen des Ausatems im besonderen sind vielfältig. Bei dem einen versickert der Ausatem, beim anderen »stürzt er ab«, etwa wie ein kleiner Stoßseufzer, bei wieder anderen hat er kaum begonnen, und schon setzt der Zwang ein, sofort wieder einzuatmen. Der zuge-

lassene, natürliche Ausatem hat sehr viel mit Hingabe, d.h. sich geben, und mit Loslassen zu tun. Loslassen wird vom Begriff her oft falsch verstanden im Sinne von sich fallen lassen; das würde vom Wort her bedeuten, den Boden verlieren, sich verlieren, und ist dann natürlich mit Angst verbunden. Loslassen bedeutet aber im bewußten Erleben des Getragenseins ein »Sicheinfügen« in die natürlichen Vorgänge.
Zur Unterstützung des Ausatems gibt es viele Möglichkeiten in der Behandlung und auch durch bestimmte Bewegungsübungen (vgl. Beispiele).

Übungen zum Erfahren der Atembewegung und des Atemrhythmus

1. Sie stehen in Hüftbreite, der Oberkörper ist nach vorne gebeugt. Sie nehmen von unten Schwung und richten sich mit dem Ausatem auf, ohne jedoch ins Hohlkreuz nach hinten zu überdehnen. Gleich darauf lassen Sie sich wieder nach unten fallen, Kopf und Nacken hängen dabei nach unten, die Knie sind gebeugt, der Einatem fällt von selbst ein. Im Grunde können Sie ihn ganz vergessen, denn er muß ja kommen, nachdem Sie vorher ausgeatmet haben. Und mit Schwung geht es dann im Ausatem wieder nach oben, so daß schließlich eine gleichmäßig schwingende Bewegung entsteht - der Körperschwung.
Manche werden sagen: »Das haben wir ja genau umgekehrt gelernt.« Tatsächlich wird dieser Schwung vielfach andersherum gelehrt.
Mein Anliegen ist es jedoch, in der Aufwärtsbewegung den Ausatem zu unterstützen. Auch das Zwerchfell bewegt sich im Ausatem nach oben. Ich verhindere auf diese Weise, daß der Einatem eingezogen wird, und bewirke vielmehr, daß er ganz von selbst kommen kann wie ein kurzer Reflex, der sich der äußeren Bewegung anpaßt.
In der Wirkung spüren Sie außerdem eine Anregung der Atembewegung und des gesamten Kreislaufsystems.

2. Auf ähnlicher Grundlage vollziehen Sie die nächste Übung nach. Sie sitzen diesmal wieder und lauschen zunächst einmal auf Ihren Atemrhythmus, spüren, wie er von selbst kommt und geht, ohne daß Sie eingreifen müssen. Dann rollen Sie leicht hinter Ihre Sitzknochen, die Lendenwirbelsäule wird etwas rund dabei, die Bauchdecke bleibt locker. Während dieser Phase kommt der Einatem, er fließt in das Becken wie in ein Gefäß. Und im Ausatem richten Sie sich dann von unten nach oben wieder auf, zum Schluß erst den Kopf. Es ist also der Ausatem, welcher mithilft, Sie aufzurichten. Sie können die Bewegung so lange durchführen, wie Sie sich dabei wohlfühlen. Wichtig ist dabei nur, daß Sie die Bewegung ganz und gar Ihrem Atemrhythmus anpassen, nicht umgekehrt, bis Atem und Bewegung wirklich eine Einheit werden. Das wird nicht gleich gelingen. Doch mit Einfühlungsvermögen und unter Weglassen Ihrer Vorstellungen von Ihrem Atem wird sich die Harmonie allmählich einstellen. Diese Übung fördert Ihren natürlichen Atemrhythmus und unterstützt die Aufrichtung von innen mit Hilfe des Ausatems.
Dasselbe kann man auch im Liegen durchführen, indem Sie beide Füße aufsetzen und das Becken leicht anheben. Nur so weit, daß der Bauch nicht angespannt werden muß. Dabei fließt der Einatem ein, im Ausatem legen Sie das Kreuzbein wieder ab.
Dies ist eine gute Übung gegen Darmbeschwerden, Verstopfung, Menstruationsbeschwerden und sogenannte Kreuzschmerzen.

3. Sie sitzen auf dem Hocker und legen Ihre Hände auf den Bauch unterhalb des Nabels. Ihre Hände spüren, und Sie finden sich von innen unter den Händen ein und warten ab, was geschieht. Nach einer Weile werden Sie Atembewegung wahrnehmen. Sie begleiten nun mit den Händen diese Bewegung: das Zurückschwingen der Körperwand, ein Moment der Ruhe, in welcher Sie warten, bis die Körperwand von selbst weit wird. Sie werden die Bewegung allmählich immer tiefer spüren, solange Sie sie nicht »machen«, sondern sich ihr hingeben. Auf

ähnliche Weise können Sie an verschiedenen Stellen Ihres Körpers Ihren Atem in der Tiefe erleben, indem Sie die Hände auf das Kreuzbein legen, dann auf die Nierengegend. Anschließend legen Sie eine Hand unter das linke Schlüsselbein, dann unter das rechte. Und zum Schluß beide Hände auf die Mitte zwischen Nabel und Brustbeinspitze. Überall verweilen Sie ein wenig, und Sie werden mit Erstaunen feststellen, daß sich die Atembewegung jedesmal ein wenig anders zeigt in ihrer Ausformung, obwohl der Kern derselbe bleibt. Zu Anfang werden Sie an manchen Stellen vielleicht auch gar nichts spüren. Erzwingen Sie nichts, denn nur das Echte hat wirklich Aussagekraft. Die Atembewegung wird sich auch dort einmal von selbst einstellen, wenn Sie sich ganz dorthin wenden.

4. Falls die vorhergehende Übung noch zu fein ist, denn sie fordert einzig und allein die innere Sammlung, legen Sie vorher Ihre Hände auf die Rippenbögen. Dann lassen Sie ein »sch« durch die Zähne strömen; dabei merken Sie deutlich, wie die Rippenbögen nach innen zurückschwingen. Nicht nachdrücken, sondern so lange, wie es von selbst strömt. Nach dem kurzen Abwarten werden die Rippenbögen von selbst wieder weit, ohne daß Sie nachhelfen müssen. Dasselbe können Sie spüren, wenn Sie Ihre Hände seitlich auf die Rippen legen. Auch dort zeigt sich eine deutliche Bewegung, unterstützt durch das »sch«.

In der Körperhaltung eines Menschen läßt sich die natürliche Beherrschung beziehungsweise oftmals auch die fehlende Beherrschung des Körpers durch den Geist erkennen. Innerer Halt findet Ausdruck in der »äußeren« Haltung. Es ist häufig die Haltung eines Menschen, die zuerst Eindruck auf uns macht, uns ihn einschätzen läßt. Ein Mensch mit eingezogenem Brustbein und hängenden Schultern wird uns anders beeindrucken als ein freies, aufrechtes Gegenüber. Viele Charaktereigenschaften zeigen sich in der Haltung, und dem Leser werden manche Bilder dazu einfallen. Stolz, Überheblichkeit, Kleinmut, auch Stimmungs- und Gemütslagen wie Niedergeschlagenheit oder Freude sind leicht zu erkennen.

Durch falsche Vorbilder und Gewohnheiten haben sich im Laufe der Zeit immer mehr Fehlformen eingeschlichen, das bezieht sich nicht nur auf den Einzelmenschen, sondern auf die gesamte westeuropäische Zivilisation. Andere Völker entwickeln wiederum eigene typische Haltungsfehlformen, ich will mich auf die unsrigen beschränken.

Wenn man seiner Haltung schon Wert beimißt und etwas dafür tun möchte, so orientiert man sich auch heute noch oft an dem traditionellen Vorbild, das seinen Ursprung im Militärwesen hat: Beine durchgedrückt, Gewicht auf den Fersen, Brust nach vorne geschoben, Bauch eingezogen, Schultern zurückgenommen: »Brust raus - Bauch rein«.

Nehmen Sie diese Haltung einmal ein und fühlen Sie, was in Ihrem Körper geschieht. Sie werden merken, daß Sie nicht in der Lage sind, frei zu atmen. Der Körper wird von außen gehalten, ja festgehalten und beengt, die Körperwände können nicht frei mitschwingen im Atem, da sie halten müssen.

Eine freie, natürliche Haltung ist niemals starr, sondern in sich bewegt, *gelassen*, läßt innere Bewegung zu und bietet die Voraussetzung zur äußeren Bewegung. Sich aus einer starren Haltung äußerlich in Bewegung zu setzen, kostet viel mehr Energie, als die gelöste, bewegte Haltung in äußere Bewegung umzusetzen.
Der Versuch, für sich die rechte Haltung zu finden, muß von innen her ansetzen. So wie das seelische Befinden sich im Körper ausdrückt, wirkt auch der Körper zurück auf den Geist, und so manche Erkenntnis kann dem einzelnen auf diesem Wege zufließen. Aus diesem Grund ist die Veränderung der Haltung ein individueller Prozeß. Es wäre also falsch, einem Menschen eine fertige Idealhaltung anzupassen, er muß vielmehr in die für ihn richtige Haltung allmählich hineinwachsen. So gibt es Fehlformen, die äußerlich nur sehr wenig veränderbar sind. Was aber erreicht werden kann, ist, die betreffende Körperstelle, sei sie schmerzhaft, fest oder versteift durch die Fehlform, wieder in den gesamten Organismus zu integrieren; sie kann wieder von innen belebt werden und gewinnt dadurch eine ganz andere Ausstrahlung, die auch äußerlich sichtbar wird.
Auch in der Arbeit an der Körperhaltung gilt es, dem Menschen in seinen jeweiligen Möglichkeiten zu begegnen, ihn dort abzuholen, wo er steht, und nicht, ihm etwas aufzuzwingen.
Daher dienen die folgenden Hinweise nur als Orientierung.

1. Richtige Körperhaltung im Stehen:

Die Füße stehen parallel und in Hüftbreite nebeneinander, die Knie sind leicht gelöst, also nicht durchgedrückt. Die Füße sind fest verankert mit dem Boden, denn das Körpergewicht wird an den Boden abgegeben, der Boden trägt. Das Gewicht befindet sich nicht, wie sonst üblich, auf den Fersen, sondern eher auf dem vorderen Fuß, es verteilt sich vom Fußgewölbe aus auf den ganzen Fuß. Über den Fü-

ßen richtet sich der übrige Körper senkrecht bis zum Scheitel auf, das tut er ganz von selbst, ohne sich hochziehen zu müssen. Je stärker die Verankerung mit dem Boden, um so leichter und freier die Aufrichtung nach oben, wie eine feine, innere Gegenbewegung.
Leicht geschieht es, daß man das Becken vorschiebt, im Hohlkreuz steht oder das Becken nach hinten hinausdrückt. Das Lösen der Knie wirkt dem bereits entgegen, und man kann darauf achten, daß sich der Körper wie aus einem Guß wirklich senkrecht übereinander aufbaut. Ein einheitlicher großer, innerer Raum entsteht, und das Gewicht kann dann über die gelösten Gelenke an den Boden abgegeben werden, dem Gesetz der Schwere nachgebend. Dort, wo festgehalten wird, also zum Beispiel im Rücken (Hohlkreuz) oder in den Knien, muß das Gewicht aufgefangen und gehalten werden. So entstehen u.a. die heute so verbreiteten Überlastungen einzelner Körperteile und Verschleißerscheinungen in den Gelenken.

2. Richtige Körperhaltung im Sitzen:

Zum guten Sitzen bietet sich ein Hocker mit glatter Sitzfläche an. Auch hier befinden sich die Füße parallel und in Hüftbreite am Boden. Die Füße spüren den Boden, ruhen auf ihm. Ober- und Unterschenkel bilden einen rechten Winkel. Die Sitzknochen sind ziemlich deutlich zu spüren auf dem harten Hocker. Man kann ein wenig über den Sitzknochen nach vorne und hinten rollen, um die Position zu finden, in der das Becken wirklich aufgerichtet ist und man sich genau auf den Sitzknochen befindet. Über diese wird dann das Gewicht abgegeben an den Hocker. Viele neigen dazu, sich in der Aufrichtung aus dem Becken herauszuziehen, das Gegenteil ist jedoch sinnvoll:
Das Becken bildet die Basis im Sitzen, und wir versuchen, uns ganz in das Becken hineinzulassen, darin zu ruhen, was erst gelingt, wenn uns das Getragensein auch hier wieder bewußt wird.

Über der Basis erhebt sich dann die Wirbelsäule von selbst bis zum Scheitel. Der Schultergürtel ruht auf dem Brustkorb, wir müssen ihn nicht hochziehen, um zu sitzen. Die Hände liegen locker auf den Oberschenkeln.
Im Sitzen ist es ebenso wichtig, daß sich der Körper senkrecht übereinander aufbaut, um einen offenen Raum zur Verfügung zu stellen für die Atembewegung.
Besonders im Sitzen neigen die einen dazu zusammenzusinken, was zur Folge hat, daß das Zwerchfell sich vorne kaum mehr bewegen kann, die Atembewegung also ganz gering und damit die Sauerstoffzufuhr natürlich auch eingeschränkt ist. Die anderen richten sich zu stark auf, lehnen den Oberkörper meistens zu weit nach hinten, so daß ein Hohlkreuz und Spannungen in den Oberschenkeln und im Bauch entstehen. In diesem Fall ist der gesamte Zwerchfellbereich zu sehr angespannt, weil er mit festhalten muß, die Atembewegung ist daher ebenfalls eingeschränkt (Abbildung Seite 43).

3. Wirbelbeuge als Haltungsübung:

Sie stehen wie oben beschrieben. Langsam senkt sich der Kopf, die Halswirbelsäule dehnt sich. Der hängende Kopf und die Arme ziehen den Oberkörper allmählich nach unten, Wirbel für Wirbel rollt ab. Sie fühlen genau, wo Sie sich gerade befinden mit der Dehnung. Vorsicht, nicht nach hinten ausweichen, der Rücken bleibt ganz rund, die Knie sind gebeugt. Unten angekommen, einen Moment hängenbleiben und sich dann von unten nach oben langsam wieder aufrichten, erst zum Schluß Halswirbelsäule und Kopf. Das Gewicht bleibt die ganze Zeit vorne. Sie werden sich anschließend ein Stück größer fühlen und Ihre Aufrichtung deutlicher wahrnehmen.
Mit dieser Übung können Sie viele Spannungen und Blockierungen in

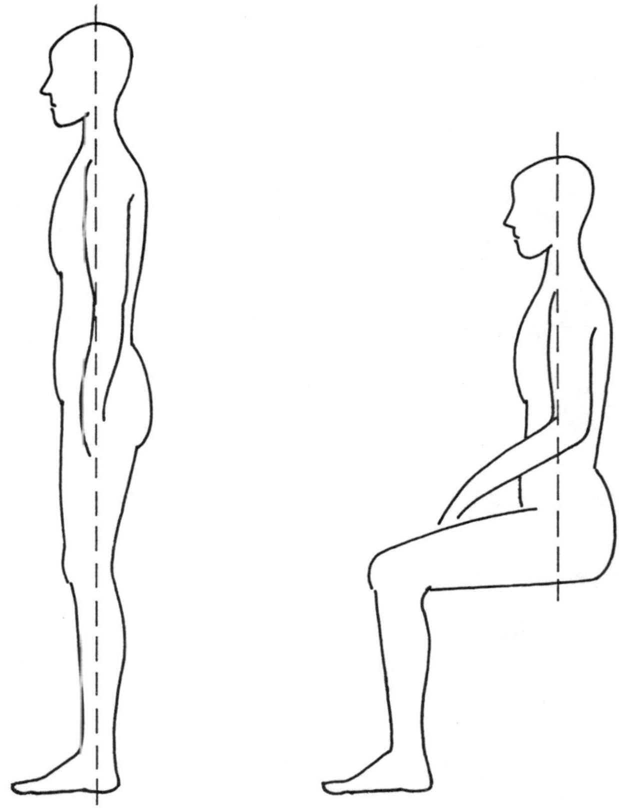

Richtige Körperhaltung im Stehen und im Sitzen

der Wirbelsäule lösen. Sie sind danach tatsächlich ein Stück größer, da die Bandscheiben wieder mehr Platz bekommen, sich aufzufüllen. Auch die Nerven, die ja zahlreich aus dem Rückenmark austreten und den Körper versorgen, werden gestärkt und belebt.
Die Übung kann mehrfach wiederholt werden, es empfiehlt sich allerdings, sie nicht gleich nach dem Aufstehen zu machen.

Wir wollen noch einmal nachvollziehen, daß Atem Bewegung ist. Dies wurde bereits in dem Kapitel über die physiologischen Zusammenhänge aufgezeigt. Was aber ist Bewegung?
Wir glauben es zu wissen, ihre eigentliche, umfassende Bedeutung aber zeigt die Gralsbotschaft auf:

»Bewegung *ist ein Grundgesetz in dieser ganzen Schöpfung, so auch auf der Erde. Bewegung in der* rechten *Art. ...*
Durch Bewegung konnte sich erst alles formen, und Bewegung, unaufhörliche Bewegung ist deshalb auch die Erhaltung, *die* Gesundung *alles in der Schöpfung Befindlichen.«*

Und weiter:

»Andauernde Entwickelung in der Bewegung ist Gesetz im Willen Gottes, und das ist deshalb auch niemals ohne Schaden zu umgehen.«
(Vortrag »Schöpfungsgesetz „Bewegung"«)

Im Atemgeschehen vollzieht sich Bewegung durch den Wechsel zwischen Geben und Nehmen, dem Wechsel zwischen Ausatem und Einatem; ist diese Bewegung rechter Art, das heißt, steht sie im Einklang mit dem Schöpfungsschwingen, hält sie auch den Körper in rechter Art in Bewegung und damit gesund.
Die Harmonie in unseren körperlichen Bewegungen, ihre Leichtigkeit und Schönheit hängt mit der Beherrschung des Körpers durch den Geist zusammen.

Dazu ist in der Gralsbotschaft nachzulesen:

»Wo reine Geisteskraft den grobstofflichen Körper ganz durchdringt und ihn beherrscht, dort müssen *die Bewegungen auch Schönheit zeigen, da es anders darin nicht sein kann.«*
(Vortrag »Der Erdenkörper«)

Ein Beispiel zur Veranschaulichung geben uns Menschen, die ihren Körper durch übermäßige Belastungen trainieren, seien es Leistungssportler, Body-Builder, auch im klassischen Bühnentanz finden wir solche Belastungen. Derart übertrainierte Körper lassen eine wirklich natürliche Bewegung kaum mehr zu, Sportler und Tänzer leiden oft frühzeitig an degenerativen Erkrankungen von Gelenken und Muskulatur. Sobald der Körper dann nicht mehr trainiert wird, fällt er in sich zusammen, ähnlich einer Treibhauspflanze, der plötzlich künstliche Wärme und Dünger entzogen werden.
Ich behandelte einmal einen Leistungssportler in der Einzeltherapie. Während einer gemeinsamen Übungsstunde, in der wir u.a. die Haltung im Sitzen erarbeiteten, legte ich ihm etwa zehn Minuten lang meine Hand auf die Lendenwirbelsäule. Seine Muskulatur war stahlhart, der ganze Körper durch diese extrem harte Muskelschicht von außen gehalten. Ich spürte, wie er sich vorsichtig von innen einen Weg zu meiner Hand suchte, an der zunehmenden Belebung der Lendenwirbelsäule. Plötzlich fing er an zu weinen, es hatte sich unendlich viel zu lösen. Anschließend sagte er: »Nun kann ich wirklich sitzen.«
Doch zurück zum Atem. Zwischen äußerer Körperbewegung und innerer Atembewegung besteht ein Zusammenhang. Äußere Bewegung wirkt auf den Atem, dort, wo ich mich bewege, fließt Atembewegung hin. Hebe ich zum Beispiel meinen Arm, um aus der Höhe etwas zu greifen, etwa aus einem Regal, so kommt der Atem mit - sofern ich ihn lasse und nicht willentlich zurückhalte - und bewegt sich in der betreffenden oberen Körperseite. Grundsätzlich: Dehne ich mich in eine

Körperwand hinein, zum Beispiel in den Rücken, so fließt der Einatem dorthin, während des Zurückschwingens in die Ausgangslage erfolgt der Ausatem.

Eine weitere *Übung* mag zur Veranschaulichung dienen. Langsam und mit innerer Beteiligung werden nacheinander die einzelnen Gelenke erst des einen Beines bewegt: Fuß-, Knie- und Hüftgelenk. Beim sogenannten Nachspüren, also der Nachwirkung, ist wahrzunehmen, daß das betreffende Bein räumlicher und durchlässiger wahrzunehmen ist und der Atem in feiner Bewegung hineinfließt im Unterschied zum anderen, noch nicht bearbeiteten, noch unbewußten Bein.

Entscheidend für das Zusammenspiel zwischen innerer und äußerer Bewegung ist es, die äußere Bewegung nicht mechanisch auszuführen, in diesem Fall die Bewegung der Gelenke, sondern zu *sein*, was ich gerade tue. Damit findet sich wieder der Zusammenhang zu der anfangs erwähnten natürlichen Beherrschung des Körpers, die von innen kommen muß.

Es ist im übrigen auch sinnvoll, bei anstrengenderen Bewegungen, etwa beim Laufen, Werfen, Heben, einen einheitlichen Rhythmus zu finden zwischen Atem und äußerer Bewegung, und zwar unter Berücksichtigung des Ausatems. Wenn ich etwas Schweres hebe oder etwas von mir werfe, begleitet der Ausatem die Bewegung, die mit dem Ausatem verbundene Atemkraft unterstützt die körperliche Aktivität. Sie werden merken, daß Sie auf diese Weise weniger außer Atem geraten, die körperliche Ausdauer verbessert sich.

Umgekehrt wirkt auch die Atembewegung auf die äußere Bewegung. Das Gestalten der Atembewegung nach außen durch Bewegungen, die getragen sind vom Atem, ist ein wunderschöner Anblick. Eine Art Tanz kann daraus entstehen. In all unseren Bewegungen erkennen wir den Atem als Mittler, unser Gleichgewicht zu finden. Jemand, der auf einem Bein steht zum Beispiel, beginnt sofort hin- und herzuwackeln, sobald er den Atem anhält. Erst vom Atem durchpulste Bewegung befindet sich im Gleichgewicht.

Nicht umsonst liegen Gleichgewichtsorgan und Atemzentrum in unserem Körper in unmittelbarer Nähe zueinander.
Noch eine andere Gesetzmäßigkeit durchzieht das Wechselspiel zwischen Atem und äußerer Bewegung: Je feiner die äußere Bewegung, um so tiefer reicht die Wirkung, die lebendige Anregung nach innen; je gröber die äußere Bewegung, um so stärker bleibt die Wirkung in der äußeren Muskulatur haften.
Das hängt mit der Tätigkeit des Kleinhirns zusammen. Hier bedarf es einer kurzen Erklärung der Begriffe Kleinhirn, besser gesagt Hinterhirn, und Großhirn, auch Vorderhirn genannt, in der ich mich wieder auf die Gralsbotschaft beziehen möchte:

»Dem Vorderhirn fällt alle Arbeit des Verstandes zu für äußere Betätigung im gröbsten Stofflichen, also in der Materie, dem Hinterhirn jedoch das Aufnehmen und Weitergeben zur Verarbeitung der Eindrükke von oben, die leichter, lichter sind als grobe Stofflichkeit.
Dieses zu Nutzen der Menschen gegebene harmonische Zusammenwirken der beiden Gehirne wurde durch einseitige Hingebung des Menschen zu nur irdischem, also grobstofflichem Wirken gestört und mit der Zeit ganz unterbunden, förmlich abgeschnürt, weil das Vorderhirn durch allzu rege Beschäftigung mit der Zeit zu groß sich entwickeln mußte im Verhältnis zu dem vernachlässigten Hinterhirn, was dadurch immer mehr empfangsunfähig wurde und geschwächt.«
(Vortrag »Erstarrung«)

Die feineren Bewegungen und deren Zusammenspiel werden vom Kleinhirn aus gesteuert und erreichen uns auf der Empfindungsebene. Eine kleine Gegenüberstellung, die Gisela Reiners aus ihrer langjährigen praktischen Erfahrung entwickelt hat, soll die unterschiedlichen Funktionen von Großhirn und Kleinhirn im Hinblick auf Bewegungsabläufe verdeutlichen.

Großhirn **-motorisches System-**	**Kleinhirn** **-auch Empfindungs- oder Bildhirn-**
1. grobe Regulierung - erstes Ingangsetzen der Muskelgruppen - Ansatz in den Extremitäten	1. *feine Regulierung* *- Ganzheitlichkeit* *- Ansatz aus der Leibesmitte, Rumpf*
2. die Bewegung ist abrupt, stoßhaft, stets in Gefahr der übermäßigen Beschleunigung	2. *die Bewegung ist abgerundet, harmonisiert*
3. die Impulse sind punktuell auf ein Ziel gerichtet	3. *die Impulse sind auf die Umwelt abgestimmt*
4. die Muskulatur ist ständig in Spannung oder fällt plötzlich ab, ist ermüdbar	4. *die Muskulatur befindet sich in einem Wechsel zwischen Spannung und Lösung, ist regenerationsfähig*
5. Bewegungsverlauf: kurze geradlinige Wege, Stöße der Schwerkraft folgend	5. *Bewegungsverlauf: die Schwerkraft benützend, Schwung, schwingen, fliegen*
6. Leistung: erste Verankerung im Leiblichen. Gefahr bei Überbetonung: Verengung, Verarmung des Raumempfindens, Zeitenge, Taktbetonung in kurzer Folge, Krampf	6. *Leistung: Einstimmung in Raum und Zeit, Möglichkeiten zum Gestalten in Rhythmus und Dynamik, Gleichgewicht, Koordination aller Einzelbewegungen zu einem persönlich geprägten Ganzen*

Übung »Die kleinen Schritte«:
Zur Vorbereitung stellen Sie sich etwas breiter hin als gewöhnlich. Sie verlagern Ihr Gewicht auf einen Fuß und geben dabei im Knie nach, während der Oberkörper gerade bleibt. Der Einatem erfolgt spontan (wenn man ihn nicht durch Denken behindert), während der Ausatem-Phase richten Sie sich bis zur Senkrechten wieder auf. Das Gewicht verlagert sich dabei wieder in die Mitte. Sie warten die Atempause ab und vollziehen dasselbe zur anderen Seite, bis Sie allmählich wieder eine echte Übereinstimmung zwischen der Bewegung und Ihrem Atemrhythmus gefunden haben.
Dann nehmen Sie beide Füße ganz dicht zusammen, so daß Ihnen nur eine recht kleine Basis zur Verfügung steht.
Sie schieben nun einen Fuß um eine halbe Fußlänge nach vorn, ohne die Sohle vom Boden zu lösen und lassen Ihr Gewicht ganz auf diesem vorgezogenen Fuß, das Knie gibt dabei wieder nach. Durch den Druck auf die Fußsohle erfolgt der Einatem. Darauf schieben Sie den hinteren Fuß so weit nach vorne, daß er dem anderen um eine halbe Fußlänge voraus ist. Während dieses Vorschiebens atmen Sie aus und richten sich dabei im Knie wieder auf. Die Aufrichtung läuft durch den ganzen Körper. Indem Sie das Gewicht wieder auf den vorderen Fuß verlagern, kommt der Einatem. Und so geht es immer weiter. Zunächst haben Sie zu tun mit der Bewegung und dem Gleichgewicht; dabei auf keinen Fall krampfhaft an den Atem denken. Allmählich spielt sich die Bewegung ein, je weniger Sie denken, um so eher. Sobald der Atem dann seinen gemeinsamen Rhythmus findet mit der Bewegung, trägt er die Bewegung von innen her - und Sie kommen ins Gleichgewicht. Diese Übung ist länger auszuführen als andere, denn es braucht eine Weile, bis sich die Bewegung verselbständigt hat und die Anspannungen sich lösen. Doch dann kann sich ihre Wirkung bis ins Innerste ausbreiten und ein Gefühl tiefer Ausgeglichenheit hinterlassen.
Gleichgewichtsorgan, Atemzentrum und Kleinhirn wirken hier in fein abgestimmter Weise zusammen.

Über die Stimme erhalten wir eine ganz besondere Verbindung zum Atem. Es ist der Ausatem, der den Ton, das Wort hinausträgt zum anderen, in den Raum, in die Welt, während der zugelassene Einatem Voraussetzung bietet für Klarheit und Fülle des Tons. Ohne sich damit näher beschäftigt zu haben, meinen viele, die Stimme sei einzig und allein Angelegenheit der Stimmorgane, also des Kehlkopfes und der Stimmbänder. Diese nehmen zwar eine wichtige Funktion ein, sind jedoch ebenso eingefügt in das ganzheitliche Geschehen wie andere mitwirkende Anteile, z.B. das Zwerchfell oder die Atemräume. In der Stimme, ähnlich wie auch in der Bewegung, findet der Atem seine Ausdrucksmöglichkeit und Gestaltung. Grundlage für eine freie, wohlklingende und natürliche Stimme ist ein bewohnter, durchlässiger Körper, in welchem Atemräume und Atemrhythmus erlebt werden können und ganz zur Verfügung stehen. Wie bei einem Instrument nimmt der menschliche Körper für die Stimme den Stellenwert eines großen Klangkörpers ein.
Noch bevor ich Erfahrungen mit meiner eigenen Stimme machen konnte, lernte ich in Berlin bei einem Vortrag Hugo Kükelhaus kennen, einen Plastiker, Graphiker und Maler, auch tätig als Berater bei Klinik- und Schulbauten. Er hatte eine faszinierende und vor allem ganz einfache Art, anderen Menschen Naturgesetze in klaren, anschaulichen Beispielen nahezubringen. Seine Vorträge bestanden ausschließlich aus solchen praktischen Beispielen. In dem erwähnten Vortrag wies er einige von den Zuhörern an, sich ausgestreckt auf dazu bereitstehende Tische zu legen. Er hielt einen großen tibetanischen Gong in der Hand und stellte sich damit an das Fußende der betreffen-

den Person. Die Gongschläge waren ein einziges großes Klangerlebnis, das kaum mehr etwas mit den Ohren zu tun hatte, sondern sich im ganzen Körper ausbreitete und als Schwingung fühlbar wurde.
Ähnlich überrascht und überwältigt war ich später während meiner Ausbildung bei Ilse Middendorf von den Auswirkungen meiner eigenen Stimme in meinem Körper und dem vollen, schwingenden Klang, der sich im Raum ausbreitete, verstärkt durch die anderen Gruppenmitglieder, und ebenfalls fühlbar wurde. Diese Schwingung des Tons, die wir selbst durch den Körper hindurchlassen müssen, hat durch ihre Feinheit etwas Heilsames und Reinigendes und wirkt sich in dieser Weise auf die verschiedenen Organe des gesamten Organismus aus. Und nicht nur das. Sicherlich ist die Verwandtschaft der beiden Wörter »Stimme« und »Stimmung« nicht zufällig. Jeder, der gerne singt, weiß aus Erfahrung, welche kleinen »Wunder« das Singen vollbringen kann und wie froh und gelöst man hinterher ist. Auch diese Wirkung ist letzten Endes eine Folge von Bewegung, denn Tonschwingung ist ja Bewegung - und wenn wir uns hineinstellen in diese Bewegung, sie zulassen, kann es gar nicht anders sein, als daß sie froh macht und alles Stockende und Stauende vertreibt. Ganz abgesehen davon, daß die stimmliche Betätigung sehr die Zwerchfellbewegung anregt, also die Bewegung innerhalb des sogenannten Gemütsbereiches.
Ilse Middendorf hat parallel zu einigen anderen Körpertherapeuten in jahrelanger Erfahrungsarbeit die sogenannte Vokalraumarbeit gefunden, deren Grundlagen auf klaren Gesetzmäßigkeiten beruhen. Jeder Vokal, ob laut getönt oder schweigend in sich aufgenommen, nimmt im Körper einen ganz bestimmten Raum ein. Das »o« einen anderen als das »e«, das »u« einen anderen als das »i«, usw.
Ich möchte Sie in eine unserer zahlreichen Vokalraumstunden während der Ausbildungszeit in Berlin am Institut von Ilse Middendorf führen. Wir sitzen in der Runde auf Hockern. Frau Middendorf fordert uns zunächst auf, uns zu dehnen. Dies bewirkt bereits eine

Lösung und die Möglichkeit, einen Zugang zu finden in die eigene Welt unseres Körpers. Jeder sucht die ihm angemessene Haltung und nimmt sie ein. Der Atem kommt und geht von selbst, bewegt uns; nicht wir atmen, sondern der Atem geschieht in uns. Wir nehmen schweigend ein »o« auf im Einatem, lassen es in uns hineinfallen, während wir es vom Ausatem wieder hinaustragen lassen, auch dieses vorläufig noch schweigend. Allmählich spüre ich, wie der Atem ruhiger und tiefer wird, und nach einer Weile stelle ich fest, daß er sich immer stärker im mittleren Raum einfindet und sich dort konzentriert. Wir lösen uns aus der inneren Sammlung und tauschen unsere Erfahrungen aus:

Fast jeder von uns konnte den mittleren Atemraum besonders ausgeprägt spüren. Im nächsten Schritt tönten wir das »o« laut im Ausatem. Der zugelassene Einatem füllt den Atemraum, und von dort trägt der Ausatem das lautgetönte »o« hinaus. Zunächst sind die Töne noch etwas zaghaft, man ist gehemmt, findet seinen eigenen Ton nicht schön genug, achtet noch zu sehr auf die Töne der anderen und versucht, sich hinter diesen zu verstecken, um nicht allein herausgehört zu werden.

Auch die Stimme ist etwas sehr Individuelles, Sensibles, in deren Ausdruck man viel von sich selber zeigt. Darum sind Hemmungen und verlegenes Kichern fast immer die Begleiterscheinungen der ersten Vokalraumstunden. Doch es ist auch die Stimme, vereint mit dem Atem, die diese Hemmungen wieder löst und befreit - und nachfolgende Erfahrungen sind um so schöner und wertvoller.

Je mehr ich mich in der Mitte wirklich einfinde und mich auf meinen Ausatem verlasse, um so freier und vor allem auch voller wird der Ton. Man beginnt zu hören, auch bei den anderen, daß der Ton nicht mehr nur aus der Kehle hervorgebracht wird, sondern der Körper immer mehr mitschwingt, beteiligt und ausgefüllt ist, während der Atem trägt. Es entstehen immer klangvollere Töne im Raum, der ganze Raum ist angefüllt und klingt, zum Teil bereits in verschiedenen Tonhöhen und Harmonien, die sich in späteren Stunden noch vervollkommnen. Während des Nachspürens, das jeder Übung folgt, um die volle Wirkung auch bewußt wahrnehmen zu können, erlebe ich meine Körpermitte prickelnd warm und sehr belebt, mein Atem ist kräftiger und voller geworden. Das »o« wirkt in erster Linie zentrierend.

Anschließend erarbeiten wir uns in ähnlicher Weise das »e«. Es nimmt seinen Raum in etwa derselben Höhe wie das »o« ein, jedoch schmaler und horizontal, seine Wirkung geht über die Flanken hinaus. Während des Tönens lassen wir die Arme locker hängen, und allmählich beginnt der Ton, je voller er wird, die Arme ein wenig vom Körper zu lösen und hinauszutragen. Ein herrliches Gefühl der Weite entsteht. Besonders die Schlichtheit dieser kleinen körperlichen Ereignisse war es, die mich angesprochen hat und heute oft noch überwältigt.

In der beschriebenen Übungsstunde lernten wir auch noch das »u« und das »i« kennen. Das »u« liegt tief im Becken und nimmt dort seinen Raum ein, es hat eher eine beruhigende Wirkung. Ich arbeite oft mit meinen Patienten in der Weise, daß sie dabei ein wenig hinter die Sitzknochen rollen, dadurch fällt der Einatem leicht ins Becken ein, während des Tönens richtet sich die Wirbelsäule langsam von unten nach oben auf, bis man wieder genau auf den Sitzknochen sitzt. In der Aufrichtungsphase spürt man sehr gut die Atemsäule, die von unten nach oben aufsteigt und den Ton trägt.

Das »i« nimmt den gesamten Kopfraum und Schultergürtelbereich ein und geht in seiner Wirkung noch darüber hinaus nach oben, man sollte es nicht zu lange tönen, da die i-Schwingung sehr intensiv ist. Kurz geübt, bewirkt sie Helligkeit im Kopf und regt die Gehirnnerven und Rückenmarksnerven an.

Auch das »a« will ich noch erwähnen, meinen Lieblingsvokal. Es beginnt in der Mitte und breitet sich von dort aus gleichmäßig in alle Richtungen aus, es umschließt in seiner Wirkung den Körper wie eine Hülle. Man empfindet sich als Ganzes und geht erfrischt und gestärkt daraus hervor.

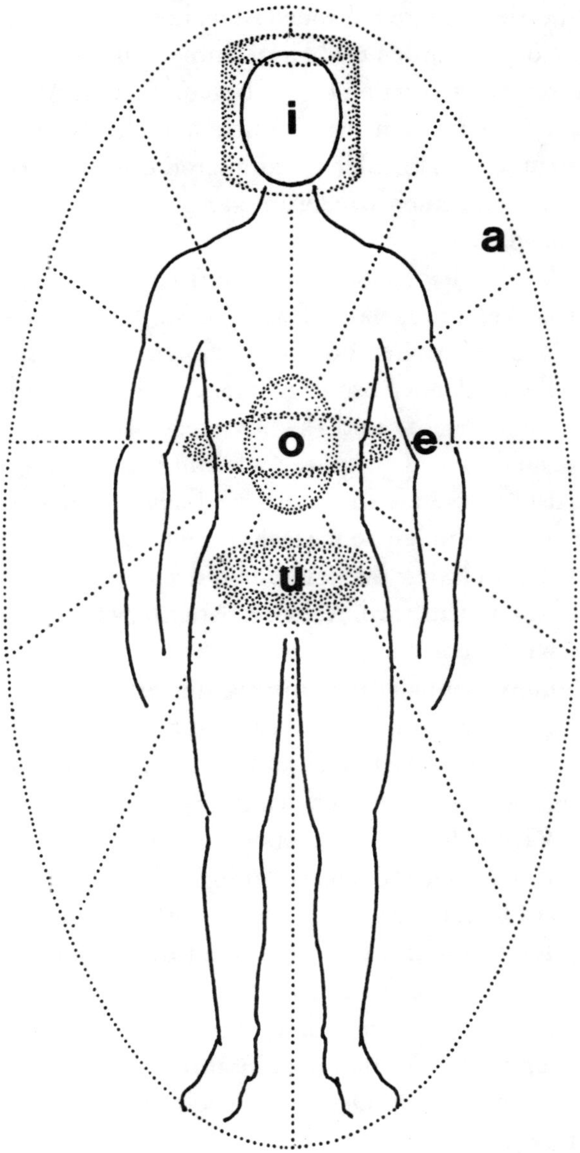

Vokal-Atemräume

Ebenso wie bei den anderen Vokalen ist während des Tönens die Resonanz in den Körperwänden und Kopfräumen zu spüren, jedoch deutlich zu unterscheiden von den bisher beschriebenen Atemräumen.
Während des Tönens kann man natürlich auch verschiedene Vokale und Konsonanten miteinander kombinieren und spielerische Variationen finden, die sich auch wiederum ganz gesetzmäßig und lebendig im Körper auswirken.
Neben den Vokalen haben auch die Konsonanten ihre Bedeutung im Körper und wirken anregend auf den Atem. Allerdings nicht, indem sie Räume bilden wie bei den Vokalen, vielmehr äußern sie sich oftmals eher punktuell wie kleine Anschläge oder aber lösend und verbindend. Die Konsonanten »p«, »t« und »k« etwa regen sehr stark die Zwerchfellbewegung an und sind zu spüren wie ein Anklopfen gegen die Rippen bzw. Brustkorbwände in unterschiedlichen Bereichen. Oder das »f«, das den Beckenboden sehr stark anregt durch Kontraktion und Lösung und dadurch den Beckenboden, der parallel zum Zwerchfell arbeitet, wieder dazu auffordert, in der Atembewegung mitzuschwingen. Das »f« wirkt sehr vitalisierend.
Gerne wird auch das »m« von meinen Schülern getönt, es schwingt vibrierend in den Körperwänden des ganzen Körpers und regt die Zelltätigkeit an, im besonderen Kreislauf, Nerven, Gehirn und Drüsen. Ich wende es auch an, wenn ich friere. Nach einer Weile zieht eine wohltuende Wärme durch den Körper.
Die erwähnten Beispiele mögen als Anregung genügen, vielleicht auch einmal selbst auf Entdeckungsreisen zu gehen, um manche Wirkungen der Stimme, des Tones und des Wortes auf den Körper und auch auf das Gesamtbefinden zu erforschen.
Bei fortgeschrittenem Üben mit der Stimme werden noch einige Aspekte aus der großen Vielfalt der Zusammenhänge im körperlichen Geschehen mit einbezogen. Der Übende wird erfahren, wie Atem und Stimme sich gegenseitig unterstützen und befruchten. Geführt vom Ton, wird der Ausatem von selbst länger und tragender, umgekehrt

läßt der freie, »losgelassene« Ausatem den Ton leichter und spielerischer erklingen. Je mehr der ganze Körper hineinwächst in den Ton, um so deutlicher erscheint von selbst die Notwendigkeit, den Boden als ein »Gegenüber«, ja, als Unterstützung für den Ton mit einzubeziehen, um auf diese Weise die richtige Spannung im Ton, den richtigen Tonus zu gewinnen, der wiederum entlastend und befreiend auf die Muskulatur einwirkt.
Letztendlich gewährt alles bisher Beschriebene die Grundlage für eine wohlklingende, lebendige Stimme. Wie sehr wir jedoch den anderen erreichen in dem, was wir in unserer Stimme ausdrücken möchten, hängt allein davon ab, in welcher Weise wir uns selbst hineingeben in unsere Stimme und wie sehr menschliche Wärme, die eigene Seelenwärme, mit einzufließen vermag. Ist dieses der Fall, so kann ich der Aussage von Clara Schlaffhorst und Hedwig Anderson, zwei bedeutenden Pionierinnen der Stimm- und Atemarbeit, vollkommen zustimmen:

»Die Stimme löst durch ihre Schwingungen die Versteinerung der Seele, die Verkrampfung des Gehirns und die Steifheit des Körpers.«

1. Allgemeine Aspekte

Wenn ich auf meine Tätigkeit angesprochen werde und im besonderen darauf, an wen sich die Atemtherapie richtet und für wen sie speziell gedacht ist, werde ich ein wenig nachdenklich. Von Anfang an war es mein erklärtes Ziel, in erster Linie vorbeugend zu arbeiten, mich besonders an die noch halbwegs »gesunden« Menschen zu wenden, um ihnen eine Richtung zu zeigen, ihre Gesundheit zu fördern und zu erhalten. Das ist auch heute noch mein Ziel - nur sieht es in der Praxis ein wenig anders aus. Die prophylaktische Arbeit nimmt den geringeren Teil ein. Der größte Teil der Patienten zeigt hingegen eindeutige Krankheitssymptome. In solchen Fällen ist eine gleichzeitige ärztliche Überwachung erforderlich. Oft schon habe ich eine gute Zusammenarbeit mit Ärzten erlebt.
Die meisten Menschen, die in meine Praxis kommen, haben allerdings bereits einen langen Leidensweg hinter sich und konnten auf dem herkömmlichen schulmedizinischen Weg keine Besserung erlangen.
Auch über die Dauer einer Behandlung ist am Anfang keine klare Auskunft zu geben. Manche Patienten bleiben nur kurz. Sie sind zufrieden, wenn ein Symptom beseitigt ist, oder aber sie gelangen an einen Punkt, an dem sie merken, daß sie sich selbst und die Gestaltung ihres Lebens verändern müßten, um weiterzukommen - und sie sind dazu nicht bereit. Das ist ihnen allerdings selten bewußt. Die meisten bleiben über einen längeren Zeitraum in Behandlung oder kommen zum Unterricht, manchmal auch bis zu mehreren Jahren, indem sie die Arbeit für sich selbst als Prozeß und Entwicklungsweg ansehen. Im

Moment erstreckt sich die Bandbreite der Ursachen derer, die in meine Praxis kommen, etwa über folgende Bereiche: Menschen, die einfach etwas für sich selbst tun und lernen möchten, die bewußter in und mit ihrem Körper leben möchten.
Vielfach gebe ich berufliche Begleitung für Lehrer, Logopäden, Sänger und Schauspieler.
Auch kommen Menschen mit starken Verspannungen und Haltungsschäden, mit Kopfschmerzen, Verdauungsstörungen, Menstruationsbeschwerden, Arthrose und Arthritis, natürlich auch mit Atemwegserkrankungen wie Asthma bronchiale und Lungenemphysem.
Und schließlich schwer und unheilbar Kranke, zum Beispiel mit fortgeschrittenem Krebs, die Erleichterung, Milderung und nicht zuletzt eine menschliche Begleitung ihrer Krankheit suchen.
Ein recht großes Feld nehmen auch die psychischen Störungen ein, u.a. die verschiedensten Formen der Depression mit ihren psychosomatischen Begleiterscheinungen.
Gerade bei den letztgenannten Fällen der Schwerkranken und Depressiven taucht über kurz oder lang in den therapiebegleitenden Gesprächen folgerichtig die Frage nach dem Sinn der Krankheit und schließlich die grundlegende Frage nach dem Sinn des Lebens überhaupt auf. Der Verlust der Sinnhaftigkeit, die innere Leere und der damit verbundene grenzenlose Materialismus als Ersatz für verlorene geistige Werte, die Haltlosigkeit, das Tappen im Dunkeln im wahrsten Sinne des Wortes und das Sich-selbst-abgeschnitten-Haben von der eigentlichen Kraftquelle sind die Kernfragen, auf die wir immer wieder stoßen müssen, wenn wir unsere Krankheiten und seelischen Probleme bewältigen wollen. Es gibt eine klare, erkennbare höhere Ordnung, in die wir uns wieder einzufügen versuchen sollten, denn jedes Abweichen hinterläßt Spuren, erzeugt Schmerzen und läßt uns das Gleichgewicht schwerer wiederfinden.
In der Therapie gilt es oft, den einzelnen behutsam heranzuführen an den Gedanken, für sein persönliches Befinden selbst verantwortlich zu

sein und diese Verantwortung wieder zu übernehmen. Denn in dem großen Schöpfungsgesetz der Wechselwirkung kommt das, was einmal von dem einzelnen ausgegangen ist, auch wieder auf ihn zurück. In der Gralsbotschaft heißt es dazu:

»Es (das Gesetz der Wechselwirkung, die Verf.) bewirkt, daß der Mensch ernten muß, was er einst säte, unbedingt. Er kann nicht Weizen ernten, wenn er Roggen säet, nicht Klee, sobald er Disteln streut. Genau so in der feinstofflichen Welt. Er wird zuletzt nicht Güte ernten können, wenn er Haß empfand, nicht Freude, wo er Neid in sich nährte!« (Vortrag »Irrungen«)

Das sogenannte Schicksal, die Krankheit, kommt nicht wahllos auf jemanden zu. Jeder muß selbst die Gleise umstellen, um wieder in die richtige Bahn zu gelangen, die aufwärts führt.
In meiner Tätigkeit mußte und durfte ich durch das Wissen der Gralsbotschaft erkennen, daß die Hilfe, die einem Menschen zuteil wird, sich in viel größeren, übergeordneteren Zusammenhängen vollzieht, als ich erahnte, und daß zwar meine eigenen Fähigkeiten eine Rolle spielen, die Hilfe davon letztlich jedoch nicht abhängig ist, denn ich bin als Therapeut ja selbst nur Mittler. Manchmal ist es tief beeindruckend zu erleben, wie eine Besserung eintritt, weil man spürt, daß der andere etwas bewältigt, etwas erkannt und damit selbst den Boden bereitet hat für die Hilfe. Ebenso beeindruckend ist es aber auch zu erfahren, daß jemand noch eine gewisse Zeit Leid oder Schmerz erleben muß, um bestimmte Dinge erkennen zu können und daran zu erstarken, und daß auch das Hilfe ist.

2. *Kinder*

Alle jene, die sich nach dem bisher Gelesenen sagen: Vielleicht finde ich hier einen Ansatz, um meinem Kind zu helfen, das eine sehr schlechte Haltung hat oder an Asthma leidet, muß ich zunächst enttäuschen.
Die hier dargelegte atemtherapeutische Arbeit ist in mancher Hinsicht, jedoch nicht grundsätzlich auf Kinder zu übertragen, sie richtet sich an den erwachsenen Menschen. Warum?
Ich habe versucht, deutlich zu machen, daß eine Atemtechnik, die den Menschen nur von außen anspricht, auch in ihrer Wirkung äußerlich bleiben muß. Wenn eine Veränderung des Menschen über die Atemstunden hinausgehen soll, in denen er übt, müssen wir ansetzen und versuchen, den Menschen im Innersten zu erreichen, so daß er seine Veränderung selbst in die Hand nehmen kann. Da wir den Zugang zur Natürlichkeit und Selbstverständlichkeit unserer eigenen Entwickelung verloren haben, sind wir veranlaßt, diesen Zugang wieder zurückzugewinnen durch bewußtes Erleben, bewußtes Loslassen, bewußtes Sicheinfügen - und das ist nur dem bewußten Menschengeist möglich.
Ein Kind aber - wenn wir es Kind sein lassen - ist in ganz anderer Weise als wir den Naturkräften verbunden, es lebt und entwickelt sich durch sie in erster Linie unbewußt. Der Atem selbst ist diesen wesenhaften Naturkräften zuzuordnen, wird dort geformt, also unbewußt, und wirkt als Brücke zum bewußten Sein des Geistes. Es wäre also nicht sinnvoll, das Kind auf etwas hin anzusprechen, was für es noch ganz im Unbewußten liegt. Es würde noch gar nicht verstehen, was sein Atem ist, was es damit anfangen soll.
Leider zeigt die Realität aber, daß immer häufiger bereits im frühen Kindesalter Störungen auftreten; harmonischer Bewegungsablauf und Feinmotorik können sich nicht entwickeln, die Haltung ist ver-

krampft, der Atem bereits eingeschränkt - das Kind erhält nicht die Möglichkeit, sich in seiner Art zu entfalten.
Dennoch ist eine kindgemäße Körperarbeit möglich. Ich würde den Begriff des Atems dabei allerdings nicht erwähnen. Manche der beschriebenen Übungen sind auch mit Kindern zu erarbeiten, solange sie nicht auf den Atem achten müssen. Die Übungen sollten in spielerischer Weise nahegebracht werden.
Die Körperarbeit mit Kindern erfordert eine völlig andere Vorgehensweise als mit Erwachsenen. Ich kann ein Kind nur erreichen, wenn ich ihm in seiner Welt begegne, spielerisch und naturbezogen. Und dazu gehört ein besonderes Einfühlungsvermögen, eine Begabung, wieder jene Wege ausfindig zu machen, auf die uns die Natur des Kindes hinweist. Diese Begabung und dieses Einfühlungsvermögen habe ich bei Elfriede Hengstenberg gefunden, die viele Jahre mit Kindern gearbeitet und »geturnt« hat. Ihr Buch »Entfaltungen« gibt kindgerechte, lebendige Anregungen, darunter auch Turnübungen, die unbewußt den Atem anregen.
Ein abschließendes Zitat aus ihrem Buch mag einen kleinen Einblick in ihre Denkweise verschaffen:

»Wir alle kennen diese ursprünglichen Regungen der Kinder, die immer wieder darauf hinauslaufen, allein probieren zu wollen! Wir sollten nur noch mehr darum wissen, daß die unermüdliche Überwindung von Widerständen aus eigener Initiative dem Kind jene Spannkraft verleiht, die wir ihm zu erhalten wünschen, und daß die Freude an der Auseinandersetzung mit Schwierigkeiten nur darauf beruht, daß es selbständig beobachten, forschen, probieren und überwinden durfte ...
Ich lasse dann die Kinder also grundsätzlich selbständig forschen und entdecken. Ich lasse sie frei experimentieren, aber nicht wahllos tun, was ihnen gerade einfällt.«

3. Körperbehinderte

Eines Tages erhielt ich durch eine Schülerin die Anfrage, ob ich bereit sei, ihre Freundin, die seit dem 6. Lebensjahr querschnittgelähmt ist, zu behandeln. Ich hatte bisher nur Erfahrung mit einer eigenen Freundin, die unter den starken Folgen einer Kinderlähmung leidet, zwar körperlich recht eingeschränkt ist, aber doch die Fähigkeit besitzt, sensitiv wahrzunehmen, also alles körperlich zu spüren.
Wie würde es aber in diesem Fall sein?
Ich wußte, daß die junge Frau ab dem 12. Brustwirbel abwärts gelähmt ist. Ich wußte aber auch, daß innerhalb der Eutoniearbeit nach Gerda Alexander manche Erfolge in der Arbeit mit Querschnittgelähmten erzielt wurden.
Nun, ich war sehr gespannt. Eine junge, sympathische, lebensfrohe Frau im Rollstuhl öffnete mir die Tür. Ihren Haushalt hat sie überaus praktisch eingerichtet. Sie wirkt unabhängig. Im Gespräch sagt sie mir: »Ich möchte so gern einmal spüren, wo mein Körper aufhört, ich nehme nicht wahr, wo er zu Ende ist, ich nehme mich nicht *ganz* wahr.«
Natürlich ist uns beiden klar, daß sie nie wieder wird gehen können.
In der Behandlung bin ich zunächst einmal ganz überrascht, daß die Atembewegung sofort und uneingeschränkt im Bauch zu spüren ist, obwohl die Lähmung in diesem Bereich ja bereits vorhanden ist. Ich arbeite lange an der Lendenwirbelsäule, am Kreuzbein und an den Beinen und Füßen, bewege diese, dehne, gebe Druck. Kaum kann ich es fassen: Zum Schluß spüre ich in beiden Füßen die feinen Ausläufer der Atembewegung. Sie selbst sagt, daß sie ein wenig den rechten Oberschenkel spüre, und links sei es, als ob etwas ganz Zartes durch das Bein ströme.
In der Zeit bis zur nächsten Einzelstunde ergreift sie selbst Initiative: Sie legt eine Hand auf das Knie, die andere unter die Fußsohle, und versucht, die räumliche Ausdehnung zu erfassen. Inzwischen spürt sie

das Gewicht ihrer Beine und auch die untere Begrenzung durch die Füße.
Ein Erlebnis mit ihr hat mich ganz besonders bewegt: Ich behandle sie und spüre, wie sie innerlich ganz stark mitarbeitet und beteiligt ist. Auf einmal kommt mir der Gedanke, wie viele Menschen ich schon »unter den Händen« hatte, die einen schönen und gleichmäßigen Körper besitzen, von dem jedoch kaum etwas ausgeht, der kaum belebt erscheint, fest und unbewegt ist. Und hier, in diesem Fall, kommt mir plötzlich eine innere Wärme, eine Intensität, eine Schwingung entgegen, die von großer Lebendigkeit zeugt und den Körper durchdringt, obwohl ganz entscheidende Funktionen ausgefallen sind.
Hier wird mir zum ersten Mal im wahrsten Wortsinn »greifbar« klar, was es bedeutet, daß der Geist den Körper belebt.

4. Sogenannt Geistigbehinderte

Nachdem der Begriff »Geist« bereits zu Anfang dieses Buches erklärt wurde, wird Ihnen das »sogenannt« vor dem Wort »Geistigbehindert« einleuchten. Der Menschengeist an sich kann nicht erkranken, wohl aber seine Umhüllungen, die wir selbst durch unser Verhalten belasten. Und so ist mit geistigbehindert in Wirklichkeit die Erkrankung des Gehirns gemeint, also eines Körper-Teiles. Die Erkrankung läßt nicht mehr zu, daß sich der Geist uneingeschränkt durch seinen Körper betätigen kann.
Ein Elternpaar wandte sich in seiner Not an mich. Die beiden haben eine 22jährige Tochter, die unter dem RETT-Syndrom leidet. Laut Aussage der Ärzte wäre sie in ihrem Alter mit dieser Krankheit, die auch eine fortschreitende Hirnathrophie mit sich bringt, gar nicht mehr lebensfähig.
Die Eltern hegen eine tiefe Zuneigung für ihre Tochter und lassen keinen Weg unversucht, um ihr zu helfen. Ich sage, daß ich keinerlei

Erfahrung hätte mit dieser Art von Behinderung, aber daß sie gern einmal vorbeikommen dürften.
Die erste Stunde dient der gegenseitigen Annäherung. Ich glaube, wir mögen uns beide, und die Eltern sind erstaunt, daß sie sich von mir sehr bald anfassen läßt.
Beim nächsten Mal spielen wir mit ihrem Teddy. Ich behandle ihre Füße, die starke Durchblutungsstörungen aufweisen, und beobachte, wie sie sekundenlang den Atem anhält und den Kopf zurückbäumt - der Bauch wölbt sich dabei stark nach außen -, und dann entläßt sie den Atem mit einem tiefen Seufzer. Dieses Verhalten beunruhigt die Eltern. Ich nehme dagegen wahr, daß dieser aufgestaute Druck der Versuch ist, sich zu äußern, was ihr jedoch nicht gelingt, und daß der anschließende Seufzer eine Entlastung von diesem Druck ist. Ich finde nichts Beunruhigendes daran und kann auch den Eltern die Sorge nehmen durch das Verständnis für den Vorgang.
Noch einmal besuche ich sie und arbeite mit ihr, und zwar in dem Heim, in dem sie tagsüber untergebracht ist. Dort arbeitet sie auch mit einer Intensivbetreuerin und einer Logopädin. Beiden zeige ich, wie ich mit ihr arbeite. Sie selbst kann natürlich nicht bewußt mitarbeiten, reagiert aber erstaunlich mit Reflexen. Wenn ich ihr die Hand mit einem leichten Druck nach unten auf das Kreuzbein lege, fließt der Atem sehr bald nach unten, und nach einer Weile kommt der Reflex sich aufzurichten. Normalerweise sitzt sie sehr zusammengesunken.
Oftmals läuft ihr auch der Speichel unkontrolliert aus dem Mund. Wenn ich sie an den Füßen behandle, beginnt sie allmählich, den Speichel einzusaugen, bewegt die Lippen, die einen neuen, guten Tonus bekommen - und hört dann ganz auf zu speicheln. Man spürt, sie fühlt sich wohl.
So gilt es immer, zu jedem Menschen einen neuen Zugang zu finden. Dazu muß manches Alte und Erlernte zurückgelassen, neue Wege müssen eingeschlagen werden.

Einige Beispiele über den Entwicklungsverlauf bei verschiedenen Schülern und Patienten mögen für den Leser den Einblick in die atemtherapeutische Arbeit vertiefen.

1.

Frau K. nimmt nur wenige Einzelstunden bei mir, da sie aus unserer Stadt wegzieht. Sie ist Mitte Zwanzig und kommt in meine Praxis, weil sich ihre Neurodermitis gerade sehr akut zeigt. Von Kindheit an hat sie immer wieder mit Allergien und Asthma zu tun. Da sie bereits Vorerfahrungen durch die Teilnahme an einer meiner Gruppen hat, können wir gleich zu Beginn sehr direkt in die Arbeit einsteigen. In der ersten Stunde erleben wir beide, wie tief sie in sich zurückgezogen ist; die gesamte Körperoberfläche wirkt sehr unbelebt, und im Gespräch können wir Verbindungen ziehen zu den Reaktionen ihrer Haut (Neurodermitis).

In der folgenden Einzelsitzung bringt sie Bilder mit, die sie vor einigen Monaten gemalt hat, also noch vor Beginn der Atemtherapie.

Sie sprechen Bände über ihr seelisches Befinden: Sie malt sich selbst, innen brodelnd, während sie gleichzeitig von einer dicken, undurchdringlichen Hülle umschlossen ist. Ein Bild deutet gar darauf hin, daß ihre Brust von einem Schwert durchstoßen ist. Ich muß sehr vorsichtig mit ihr arbeiten, denn sie kann kaum Druck vertragen.

Der Atem ist in den ersten Stunden noch sehr geführt, sie versucht, sich hinter diesem äußeren, vorgeschobenen Eindruck des Atems, der nicht ihr eigentlicher echter ist, zu verstecken. Manchmal gibt es kurze

Momente, in denen sich bei der Arbeit an der Mitte - unmittelbar unter dem Brustbein in Höhe des Sonnengeflechtes - ein kleines, persönliches Sicheinlassen zeigt, das sie jedoch rasch wieder zudeckt.
In einer Stunde erklärt sie mir, daß es ihr vorkomme, als ob jeder Atemzug von ihr eine neue Entscheidung erfordere und den Mut, sich einzulassen. Einige Tage später schickt sie mir folgendes Gedicht:

»Mut«
Das Unberührte
Zu berühren
Das Untastbare
Atmen
In den Wunden
Die Stärke finden
Dem Himmel
Innere Weite geben.

Schritt für Schritt beginnt sie, sich dem Atem und ihrer Lebendigkeit anzuvertrauen. Die Haut bessert sich bereits in dieser kurzen Zeit erstaunlich.

2.

Herr O. ist Mitte Siebzig und aufgrund von Krebs-Metastasen in der Lunge kurz vor Beginn unserer Therapie operiert worden. Nur noch 40 % des ursprünglichen Lungengewebes ist funktionsfähig, ein Lungenflügel ist ganz entfernt worden. Als er zum ersten Mal kommt, ringt er ununterbrochen nach Luft - verständlicherweise.
Er erzählt ein wenig von sich. Da er früher ein unternehmungslustiger Mann war, hat er große Schwierigkeiten, seine jetzige Situation anzunehmen.
Neben intensiver Atemarbeit besteht ein Teil der Therapie auch vor allen Dingen im Zuhören meinerseits und in begleitenden Gesprächen.

Durch die starke Reduzierung der Lunge hat sich bei Herrn O. eine paradoxe Zwerchfellatmung eingestellt. Er zieht den Einatem mit letzter Kraft ein, weil er immer das Gefühl hat, nicht genug zu bekommen. Dabei zieht sich das Zwerchfell hoch in den Brustraum, und dieser wird immer enger. Auch für den Ausatem muß er enorme Kraft aufwenden. Mit viel Druck stößt er das Zwerchfell dabei nach unten, so daß der Bauch hinausgedrückt wird statt umgekehrt.
Glücklicherweise war es für ihn noch möglich, innerhalb weniger Stunden die richtige Atembewegung, die wir zunächst ganz mechanisch geübt haben, zu begreifen und umzusetzen.
Erst das freie Hinausgeben des Ausatems hat ihm wieder Platz verschafft in der Lunge und ihm wenigstens ein kleines Gefühl von Weite im Einatem geben können. Er war sehr dankbar für diese Hilfe, denn sie hat ihm wenigstens etwas Erleichterung verschafft in seinen letzten Lebensmonaten.

3.

Frau D. kam erst vor einigen Wochen zu mir und ist gegenwärtig noch in Behandlung. Ihre Gesichtsfarbe sieht grau und fahl aus, die Augen treten aus den Höhlen hervor, sie wirkt leidend. Von Kindheit an wird sie von starker Migräne geplagt. Sie ist knapp fünfzig Jahre alt. In den letzten Monaten steckte sie in einem Teufelskreis zwischen Migräneanfall und der Einnahme von sehr starken Medikamenten. Offensichtlich ist ihre Leidensgrenze erreicht. Sie sagt, sie sei körperlich und seelisch völlig am Ende. Es mag für manchen hart klingen, aber durch diesen Zustand scheint der Boden bereitet zu sein für eine wirkliche Veränderung des Zustandes dieser leidgeprüften Frau. In unserem ersten Gespräch lege ich ihr nahe, medizinische Ursachen abklären zu lassen und gebe ihr konkrete Hinweise, was sie untersuchen lassen soll: Kopf mit Nerven und Gefäßen, Leber, Darm, Wirbelsäule, besonders Halswirbelsäule. Es stellt sich u. a. eine schwere Darmstörung

heraus und natürlich eine große Belastung der Leber durch die Medikamente. Beide Organe werden nun ärztlich behandelt.
Erfahrungsgemäß äußern sich Darm- und Leberbeschwerden häufig in Migräneanfällen. Vom Atemgeschehen und Körpertonus her spüre ich es als eine Art Rückstau im Kopf. Frau D. geht mit viel Hoffnung und dem ehrlichen Wunsch, etwas zu verändern, aus der ersten Stunde fort. Das ist natürlich eine ideale Grundlage für die weitere Arbeit, auf die man normalerweise nicht so häufig trifft. Sie scheint alles, worüber wir sprechen, aufzusaugen wie ein Schwamm. Ein Thema nimmt besonders Raum ein in der Behandlung: ihr übergroßer Perfektionszwang, welcher sie und ihr Leben bestimmt und sich auch körperlich ausdrückt. - Sie versucht nun, manches im Alltag anders zu machen.
Wir arbeiten zunächst nur daran, sich zu lösen und nachzugeben, besonders im gesamten Rücken-, Schulter-, Nacken- und Kopfbereich. Auch vom Körper her ist die große Sehnsucht zu verspüren, etwas zu verändern, so, als ob er nur noch darauf gewartet habe, daß man ihm zeigt, *wie* er sich lösen kann. Denn das hat er im Laufe vieler Jahre der Anspannung und des Festhaltens verlernt.
Nach ganz kurzer Zeit tritt bei Frau D. bereits Besserung ein. Der Atem kann sich im Rücken schon ein wenig ausbreiten und fließen.
In der letzten Einzelstunde sagt sie, sie habe seit drei Wochen keine Schmerzen mehr gehabt, nur einmal ein leichtes Druckgefühl. Ihr Aussehen ist völlig verändert, die Gesichtsfarbe frisch, die Augen stehen nicht mehr unter Druck und wirken lebendig.
Sie selbst kann diese Veränderung kaum fassen und ist noch ein wenig skeptisch. Und auch für mich ist diese starke Verbesserung ein großer Glücksfall, der wahrhaftig nicht alle Tage vorkommt und mir sehr viel Freude bereitet.

4.

Seit über einem Jahr kommt Frau E. regelmäßig einmal die Woche zu mir. Sie ist in ihrem Beruf, der sehr viel mit Menschen zu tun hat, recht erfolgreich. Seit Jahren hat sie mit Heiserkeit zu tun und schon so manches dagegen zu unternehmen versucht, bisher ohne Erfolg. Immer wieder gibt es auch Situationen, in denen die Stimme ganz versagt. Selbst als Therapeutin arbeitend, auf die Sprache und die Stimme besonders angewiesen als Verständigungs- und Ausdrucksmittel, entwickelt sich zwischen uns ein ungeschriebenes Gesetz: Wir sprechen kaum, nur das Notwendigste, lassen ihren Körper sprechen, ihren Atem und schließlich auch ihre Stimme. Es ist wie eine unausgesprochene Bitte ihrerseits, ein Signal, vielleicht unbewußt. Denn sie zeigt sich im Grunde eher zurückhaltend in ihrem Wesen und überschreitet diese Grenze offensichtlich ständig in ihrem Beruf, was sie auf die Dauer natürlich anstrengt und auch überfordert.

Die Behandlungen offenbaren viel, was sie vielleicht niemals verbal auszudrücken vermocht hätte. Im Beckenbereich ist zu Beginn kaum Atembewegung zu verspüren, das Zwerchfell zeigt einen Hochstand, die Übergänge zwischen Kreuzbein und Lendenwirbelsäule sowie Brustwirbelsäule und Halswirbelsäule weisen starke Anspannungen und Blockierungen auf, die sich nach vorne als Druck fortsetzen, nämlich im Bauchraum und in der Kehle. Während der Behandlungen kompensiert sie ihren Überdruck, indem sie häufig wegsackt und hin und wieder auch einschläft.

Sehr lange vermeide ich es, mit der Stimme zu arbeiten; ich versuche, viel zu lösen, bis die Körperwände allmählich nachgeben, ein körperliches Raumgefühl entsteht, in dem der Atem sich nun viel freier bewegen kann und ein Loslassen im Ausatem langsam möglich wird durch die Unterstützung meiner Hände. Die ersten Stimmversuche sind recht mühsam. Sie übt viel Druck aus, damit ein Ton hervorkommt, doch es wird nur ein Krächzen. Sie hat zwar die Lockerung ihres Körpers bereits erlebt, kann die Erfahrung jedoch noch nicht umsetzen, während sie spricht bzw. »tönt«. Vielmehr scheint sie ihren Körper während des Sprechvorganges abzutrennen. Nach einer Rückenbehandlung, in der sich sehr viel Spannung gelöst hatte, bitte ich sie, noch im Liegen, das kleine Wort »ja« zu sagen. Zum ersten Mal höre ich einen vollen, wohlklingenden Ton von ihr.

Nachdem sich Kopf- und Nackenbereich sowie die Zwerchfellgegend mit den Rippenbögen immer mehr lockern und sie im ganzen zusehends durchlässiger wird, schließen wir die Behandlungen im Liegen ab und arbeiten weiterhin nur noch im Sitzen oder Stehen. Allmählich gelingt es ihr, die Bewußtheit ihres Körpers und des Atems mit einzubeziehen, und beides beginnt, ihre Stimme zu tragen. Besonders hilfreich für sie ist die Erfahrung der Gegenspannung im Körper während des »Tönens«. Wenn sie zum Beispiel ein »u« erklingen läßt, spürt sie einerseits den hinausströmenden Ausatem mit Ton und andererseits die bewußte Verbindung zum Boden. Beides zusammen ergibt diese für den Ton so unterstützende Gegenspannung, gibt ihm Halt und Tragweite.

Allerdings versagt die Stimme noch, wenn sie ihre Wahrnehmung nach außen richtet. Solange sie sich und ihren Körper spürt, schwingt der Ton voll, will sie jedoch ihr Gegenüber erreichen, sich aus-drücken, entsteht Druck. Erst als wir spielerische Bewegungen dazunehmen, während sie spricht und tönt, kann sie allmählich den Ausatem, der ihren Ton trägt, hinauslassen. Die zu starke Achtsamkeit und Fixierung hört auf.

Unsere Arbeit wird immer spielerischer und läßt sie allmählich ihre Zurückhaltung verlieren. Das Sprechen wird selbstverständlicher mit der Erfahrung, daß ein Nach-außen-Gehen auch Freude und Spaß bereiten kann.

Im Alltag werden die Situationen, in denen die Stimme eingeschränkt ist, immer seltener. Wenn sie jedoch auftauchen, gilt es auch, ihre eigenen Grenzen anzuerkennen.

5.

Frau B. ist Berufsgeigerin, Anfang Vierzig und verzweifelt, weil sie wegen entzündlicher Prozesse und Versteifungen im Schulter-Armgelenk nicht mehr musizieren kann. Zunächst gilt es, sich mit dem Gedanken abzufinden, daß es im Moment nicht möglich ist, Geige zu spielen. Das fällt ihr sehr schwer. Sie wehrt sich noch lange dagegen. Doch die immer stärker werdenden Schmerzen zwingen sie bald dazu. Neben unserer Atemarbeit, die sie auf sehr feinen, inneren Ebenen erreicht, bekommt sie krankengymnastische Behandlungen, die eher auf die äußere, grobe Muskulatur wirken. Außerdem ist sie in Behandlung bei einem Arzt, der sich auf derartige Symptome bei Musikern spezialisiert hat.

Ihr gesamter Rücken- und Schulterbereich fühlt sich steinhart an. Aufgrund der starken Schmerzen arbeite ich nur mit einer sehr feinen Ansprache meiner Hände. Ihre innere Anwesenheit ist für das feine Durchlassen der Bewegung und des Atems besonders wichtig; glücklicherweise gelingt ihr das auch recht gut.

Nach vielen Behandlungen, in denen sich schon so manches verändert und entwickelt hat - zum Beispiel kann sich der Atem jetzt im oberen Rücken und den Schultern ausbreiten und gelöste, kleine Bewegungen sind ohne Schmerz möglich - bringt sie ihre Geige mit, um mir vorzuspielen. Ich sehe, daß sie sich in den Schultern hochzieht und beim Spielen nur Arme und Schultern benutzt, während der übrige Körper sich nicht mitbewegt und wie erstarrt erscheint. Sie hat keine Verbindung zum Boden. Wir üben Stehen. Sie erfährt, daß ohne die Verbindung zum Boden ein Loslassen in den Schultern niemals möglich ist. Und sie lernt, daß die Bewegung der Arme und der Schultern nichts Isoliertes ist, vielmehr über den ganzen Rücken läuft und schließlich als Bewegung den gesamten Körper erfaßt. Erst das gibt dem Atem Gelegenheit, sich auszubreiten und die Bewegung mitzutragen.

Am Ende dieser Stunde wirkt ihr Spiel viel freier. Sie übt vorsichtig

weiter. Als sie die Behandlungen abschließt, kann sie ohne Schwierigkeiten zumindest wieder unterrichten.
Leider besuchte sie dann - für meine Begriffe zu früh - einen Geiger-Kongreß, durch den die fremdbestimmten, viel zu hohen Ansprüche sie wieder eingeholt haben.
Sie entschloß sich dann, eine Psychotherapie zu beginnen.

6.

Eine Geschäftsfrau, etwa fünfzig Jahre alt, sehr hohen Anforderungen ausgesetzt durch Beruf und Familie, sucht mich auf wegen schwerer Angstzustände, Schlafstörungen, Erstickungs- und Todesangst.
In der ersten Stunde zeigt sich der Atem unrhythmisch, zeitweise blockiert das Zwerchfell. Gegen Ende der Stunde lösen sich Spannungen durch Weinen. Doch während der Woche bis zur nächsten Behandlung tritt verstärkt Angst auf und die Frage: »Was passiert, wenn sich das Zwerchfell verkrampft? Kann ich dann ersticken?«
In der zweiten Behandlungsstunde hat sie ein wichtiges Erlebnis, das ihre Fragen beantwortet. Sie begreift den Vorgang des Atmens, der Zwerchfellbewegung und daß dieser Vorgang von selbst geschieht. Erst ihre Gedanken und ihr innerer Druck lösen Angst aus, welche die natürliche Atembewegung unterbricht. Wir sprechen darüber, daß *sie* es in der Hand hat, die Panik zuzulassen und sich von den angsterfüllten Gedanken einholen zu lassen oder aber sich auf das natürliche, lebendige Geschehen in ihrem Körper zu verlassen, das ihr Halt geben kann.
In den folgenden Stunden vertieft sich der Atem weiterhin, und ein Gefühl der Zuverlässigkeit entsteht.
Ein schnarchendes Geräusch, das sich generell im Liegen einstellt, verschwindet durch intensive therapeutische Arbeit am Schulter-Nakkenbereich.
Einige Zeit lang konnte ich nicht an der »Mitte« arbeiten, sie nicht ein-

mal dort berühren. Die Mitte, der unmittelbarste Zugang nach innen, war ihr zu direkt, sie fürchtete und verschloß sich. Schließlich gelingt es doch. Sie öffnet sich und empfindet selbst große Freude über die Tiefe des Atems und den inneren Anschluß.
Nach dieser Stunde schreibt sie einen Brief, um sich zu bedanken. Sie schreibt, sie könne nun mit ihrer Angst umgehen und wieder schlafen. Ihr Leben habe sich verändert und das, was sie wollte, sei erreicht. Sie kam danach nicht wieder zu mir.
Ich kann daher nicht beurteilen, ob Einsicht und Veränderung eine anhaltende Wirkung zeigten.

7.

Frau W. leidet unter sehr starken Menstruationsbeschwerden, begleitet von Brechdurchfall und Kreislaufkollaps, so daß sie nicht selten den Notarzt rufen muß.
Becken, Beine und Füße sind sehr stark gehalten. Ich habe zu Beginn Mühe, sie überhaupt zu bewegen. Insgesamt befindet sie sich psychisch in einer recht labilen Lage - und das Vertrauen, das sie mir und meinen Händen von Anfang an entgegenbringt, gibt uns eine gute Grundlage und Unterstützung für die gemeinsame Arbeit. Sobald ich die Hände auflege, reguliert und vertieft sich ihr Atem, unbewußt bleibt er jedoch zunächst noch flach, und oftmals hält sie ihn für Momente ganz zurück. Im Lendenwirbel-Bereich ist eine »Bruchstelle« zu spüren, eine Blockierung, die Ober- und Unterkörper gleichsam in zwei getrennte Bereiche zu teilen scheint. Ihr Becken fühlt sich oft »leer« an, die Schultern bilden eine Art Gegenpol in diesem Ungleichgewicht und sind übermäßig angespannt.
Durch ihre innere Bereitschaft, sich zu öffnen, kann die Atemarbeit jedesmal ein wenig tiefer wirken, und eines Tages löst sich die Lendenwirbel-Blockade, Atembewegung fließt nun von selbst in den Beckenraum; dieser findet endlich wieder Anschluß. Seitdem hat sie

nie wieder solche extremen Schmerzen, daß sie einen Arzt aufsuchen muß und kann sich bis heute recht gut selber helfen durch lösende Atemübungen.
Wir müssen die Atemstunden beenden durch meinen eigenen Umzug. Ich sehe Frau W. jedoch ein bis zwei Mal im Jahr bei einem Atemkurs. Es ist erfreulich mitzuerleben, wie ihre psychische Stabilität und ihre Lebensfreude allmählich wachsen.

8.

Als eine meiner ersten Patientinnen sucht Frau S. (Ende Zwanzig) meine Praxis auf. Seit dem Tod ihres Vaters leidet sie unter chronischem Schnupfen. Auf Anraten der Ärzte läßt sie sich die Nasenschleimhaut entfernen. Kurz darauf entwickelt sich eine chronische Bronchitis mit asthmatischen Anfällen. Dies ist eine der vielen typischen Symptomverschiebungen bei unterdrückender Therapie. Ursachen werden weder erkannt noch behandelt, und die eigentliche Disposition sucht sich ein neues Erscheinungsbild.
Mit steifen, durchgedrückten Beinen steht die junge Frau vor mir. Die Schultern sind hochgezogen, der Kopf taucht kaum dazwischen auf. Der Brustkorb bildet eine starke Abwehrmauer.
Zu Anfang kann ich nur nach unten arbeiten. Das ist noch am wenigsten bedrohlich und gibt ihr allmählich die Gelegenheit zu fühlen, daß sich überhaupt etwas in ihr bewegen kann. Sie beginnt, Raum wahrzunehmen, den Atem zu spüren, sich langsam auf ihre Füße und Beine zu verlassen. Sobald ich mich jedoch dem Brustkorb nähere, sei es auch nur vom Rücken her, reagiert sie mit einem Hustenreiz.
Ihr Ausatem ist sehr zurückgehalten; sie sagt von sich selber, sie könne nicht geben, fühle sich nicht lebendig, fühle sich im Grunde überhaupt nicht. Eine große innere Abwehrhaltung läßt ihren Körper wie eine starre Mauer erscheinen, durch welche nichts hinein- noch hinausgehen kann.

In der ersten Zeit lösen die Atemstunden viel Neues und Ungewohntes aus, und alle Symptome verschlechtern sich scheinbar, in Wahrheit werden sie ihr nur bewußter. So manches Mal stellt sich Verwirrung ein, denn sie spürt, daß sie die alten Strukturen nicht mehr aufrechterhalten will, die neue Richtung ist aber noch nicht so recht greifbar für sie.
Nach etwa zehnstündiger Grundlagenarbeit am unteren Raum, an der Haltung und besonders am Loslassen und Unterstützen des Ausatems, ist die Arbeit am Brustkorb möglich, ohne daß sie in Panik ausbricht.
Bei ihr, wie bei vielen Asthmatikern, drückt sich im Atem die Angst aus, nicht genug zu bekommen. Es ist eine Frage des Vertrauens, das sich erst im Erleben allmählich entwickeln kann, den Ausatem ohne Druck herauszugeben und dann zu wissen, der neue Einatem kommt bestimmt.
Wir sprechen viel über den Tod ihrer Eltern, das Weiterleben der Seele nach dem Tod, die Bedeutung dieses einschneidenden Erlebnisses für sie.
Besonders bei der Arbeit am Rücken tauchen viele Erinnerungen, viel Traurigkeit und Verlassenheit auf. In dem Maße, wie der Rücken weicher und zugänglicher wird, nimmt auch der Hustenreiz ab, bis er schließlich ganz aufhört.
Die Erfahrungen ihres Atems gehen immer mehr in die Tiefe. Besonders einschlägig wirkt das »e«, sie spürt dabei, wie die Ausatem-Bewegung aus den Seiten ausströmen kann, und wird langsam vertraut damit, daß der Ausatem trägt, daß sie sich ihm anvertrauen kann. Im Alltag braucht sie mehr Ruhe, die vielen oberflächlichen Kontakte beschränken sich jetzt auf wenige, aber wichtige Verbindungen zu Menschen.
Schließlich können wir mit der Entfaltung nach oben beginnen. Kopf und Hals treten immer mehr in Erscheinung. Fülle und Leichtigkeit, Substanz und Gelassenheit können sich immer häufiger im Atem ver-

wurzeln. Mit der wachsenden Übernahme von Verantwortung für sich und ihr Leben bröckeln die Mauern ihrer Abwehr ab. Sie hat nur noch Atembeschwerden bei grippalen Infekten.
Als sie ihr erstes Kind erwartet, wächst sie noch viel mehr in ihren Körper hinein.
Diese Erfahrung hat sich für mich auch in anderen Fällen immer wieder bestätigt: Eine werdende Mutter nimmt viel mehr Besitz von ihrem Körper und entwickelt eine höhere Empfindsamkeit als sonst.
Während der Schwangerschaft tritt das Asthma dann völlig zurück und ist auch nach der Geburt nicht wieder aufgetreten.

9.

Ein Kursteilnehmer legte nach Beendigung eines Kurses vor seiner Abreise folgendes Gedicht vor die Tür:

»Atem«
Es liegt in der Luft
fein wie der Blumen Duft;
läßt du es in dich hinein,
ist es der Atem dein.

Gabe aus des Schöpfers Hand,
die den Weg in dein Inneres fand,
ewiger Quell und liebende Kraft,
die Leben erhält und neues schafft.

Dankbares Nehmen und freudiges Geben
sind die Bausteine für ein ewiges Leben;
wenn der Körper den Atem erhält,
gib ihn dankbar zurück an die Welt.

Wenn der Lebensstrom die Lunge füllt,
wird auch die Seele davon ganz eingehüllt.
Atme bewußt und in ruhiger Weise,
du wirst alt und doch nicht so bald zum Greise.

Findest du zum Ursprung des Atmens zurück,
blüht dir Gesundheit, vielleicht auch noch Glück.
Sei aber stets dem Umstand gedenk,
die Luft, der Atem, sie sind ein Geschenk.

10.

Abschließend möchte ich noch einmal ein Erlebnis aus meiner Praxis wählen, um mein innerstes Anliegen darin zum Ausdruck zu bringen. Ich habe einen jungen Schüler. Er ist Sänger, Tenor, am Theater angestellt. Ich bin überzeugt, daß er eine große stimmliche Begabung hat. Zu seinem Leidwesen stottert er und kann deshalb nur reine Singrollen annehmen. Sobald er auch sprechen soll, in Opern zum Beispiel, muß er die Rolle ablehnen. Die ganze Situation setzt ihn ziemlich unter Druck.

Eines Tages schlägt er mir vor, ihm bei einem Konzert, in dem er Solo singt, zuzuhören und anschließend meine Meinung zu hören. Ich bin gespannt und konzentriere mich ganz und gar auf ihn. Die Art und Weise, wie er singt, taucht in einem Bild vor mir auf. Die Stimme erscheint wie eine schmale Röhre - und könnte sich doch weit nach oben öffnen. Ich weiß sogar, daß er dazu in der Lage wäre. Anschließend ist er selbst ganz enttäuscht: »Ich war nicht frei. Es klappt sonst besser.«

Ich antworte ihm spontan: »Ja, Sie waren nicht frei. Diese Freiheit wird sich erst einstellen, wenn Sie sich nach oben öffnen - und zur Ehre Gottes singen.«

»Ja«, sagt er still. »Das weiß ich, ich habe es erlebt. Und wenn das so ist, empfinde ich die Stimme und den Atem wie ein Geschenk, das von oben kommt.«

Atemübungen

In diesem Übungsteil sind praktische Atemübungen zusammengefaßt, die ein Laie mit etwas Einfühlungsvermögen gut nachvollziehen und auch für sich Gewinn daraus ziehen kann.
Bei auftauchenden Fragen oder eventuellen Unklarheiten ist es immer sinnvoll, einen Atemtherapeuten bzw. Atempädagogen aufzusuchen, der klärend und unterstützend weiterhelfen kann.
Es ist unbedingt ratsam, die Übungen erst dann auszuführen, wenn Sie das gesamte Buch gelesen und die tieferen Zusammenhänge des Atemgeschehens erfaßt haben.
Die Übungen bleiben wirkungslos, wenn sie nicht im Innersten erlebt werden. Eine rein äußerliche Ausführung, wie etwa bei gymnastischen Übungen, bleibt auch in der Wirkung äußerlich und oberflächlich. Echte Veränderung und Entwicklung vollzieht sich erst, wenn Sie sich ganz hineingeben in Ihr Tun.
Die Bewegungsrichtung beim Üben nimmt demzufolge ihren Weg von innen nach außen. Eine andere grundlegende Bewegungsrichtung ist die von unten nach oben.
Wenn Sie eine rechte Haltung für sich erarbeiten wollen, sollten Sie von unten nach oben vorgehen, um auf sicheren Füßen zu stehen, vergleichbar mit dem Bau eines Hauses: Nur wenn das Fundament stimmt, besteht keine Einsturzgefahr.
Sie sehen sich jetzt zahlreichen Übungen gegenüber und wissen nicht recht, womit Sie beginnen und welche Sie auswählen sollen, denn daß Sie nicht alle auf einmal durchführen werden, versteht sich von selbst. Auch hier gilt der Grundsatz, von unten nach oben vorzugehen, jedenfalls, solange Sie ohne therapeutische Begleitung arbeiten.

Nehmen wir einmal ein Beispiel an: Sie haben seit Tagen Nacken- und Schulterbeschwerden und möchten nun mit Hilfe von Atemübungen versuchen, diesen Zustand zu verändern. Es ist zu empfehlen, immer zuerst mit dem »Dehnen« zu beginnen, es verhilft Ihnen zu einem leichteren Übergang von Ihrer Alltagstätigkeit zum Erspüren Ihres Körpers. Anschließend wäre es sinnvoll, eine der »anregenden Übungen« auszuwählen. Der gesamte Körper ist dabei angesprochen, und Sie stellen sich allmählich darauf ein, in die Tiefe hineinzuspüren.
Als Nächstes würde ich versuchen, mittels einiger Übungen, die Sie sich aus dem angebotenen Themenkreis heraussuchen, Füße, Beine, Becken in einer Weise zu erarbeiten, daß sie eine solide, lebendige Basis bilden, auf die Sie sich verlassen können. Erst dann kann die Spannung von oben nach unten abfließen; ja, anders ist es gar nicht möglich, in den Schultern oder im Nacken loszulassen und nachzugeben. Auf diese Weise würde ich mich »hinaufarbeiten«, auch eine Übung für den »mittleren Bereich« oder den Rücken wählen, um mich schließlich dem schmerzhaften oder eingeschränkten Schulter-Nackenbereich zuzuwenden. Behutsam, lösend, raumschaffend, bis sich der Atem zart ausbreiten und im Wandel seiner Bewegung manches Störende, Enge, Bedrückende mitforttragen kann.
Nehmen Sie sich Zeit und Ruhe, um die Übungen auszuführen. Alle Ablenkungsmöglichkeiten von außen sollten ausgeschlossen sein. Sie brauchen etwas Platz, um u.a. liegen, aber auch sich frei bewegen zu können.
Ein Hocker mit glatter Sitzfläche in guter Sitzhöhe (die Oberschenkel sollten waagerecht sein) steht bereit.

Dehnen

Ausführung:
Sie beginnen, auf dem Hocker sitzend, sich weich und geschmeidig wie eine Katze zu dehnen. Oder wie Sie es manchmal vielleicht im Bett tun, bevor Sie aufstehen. Die Bewegungen sind spontan und natürlich, ohne viel nachzudenken. Beim Dehnen fließt der Einatem von selbst ein, den Ausatem lassen Sie jedesmal durch den Mund ausströmen. Ein wichtiger Hinweis: Wenn Sie sich zu fest strecken und die Muskulatur zu stark angespannt ist, stockt der Atem und kann nicht frei mit der Bewegung fließen.
Nehmen Sie sich also die Katze zum Vorbild. Nach und nach wird der ganze Körper mit einbezogen, Sie können dann auch aufstehen und sich im Stehen weiter ausgiebig dehnen.

Wirkung:
Nach dem Dehnen, wie nach jeder Übung, setzen Sie sich wieder auf den Hocker und spüren nach, um die Wirkung des Vollzogenen bewußt zu erfassen. Im Dehnen werden die Körperwände weiter und beweglicher, sie geben nach, einhergehend mit der Atembewegung.
Sie nehmen die Konturen Ihres Körpers stärker wahr und verspüren eine leichte Anregung, die den gesamten Körper durchziehen kann. Eine Brücke ist geschaffen, um nun mit den tiefergehenden Übungen zu beginnen.

Dehnen

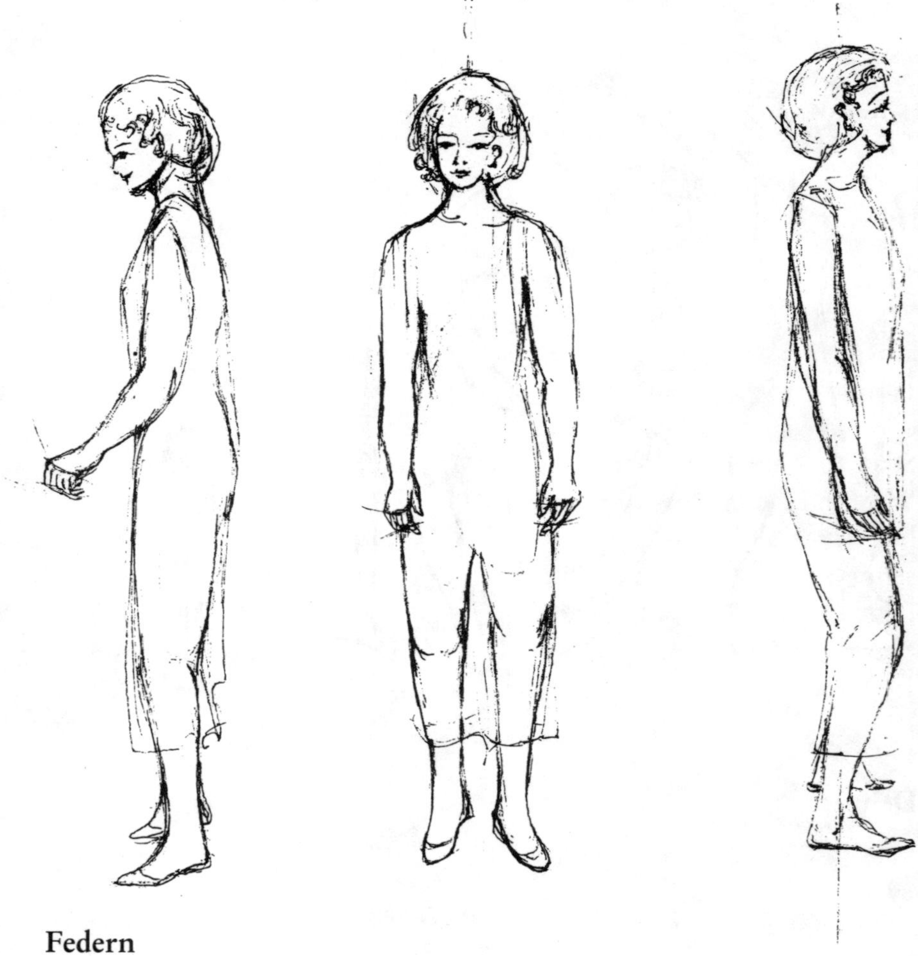

Federn

1. Federn (vgl. Text Seite 26)

Ausführung:

Sie stehen - die Füße sind parallel zueinander gestellt, die Knie gelöst. Nun beginnen Sie, von den Fußgelenken ausgehend, leicht auf- und abzufedern; dabei löst sich die Ferse jedesmal ein wenig vom Boden und setzt wieder auf. Wichtig ist, daß Sie beim Aufsetzen der Fersen in den Knien stark nachgeben, sonst hält der Rücken fest, und es gibt Stauchungen in der Wirbelsäule.

Während dieses Auf- und Abfederns lassen Sie die Bewegung allmählich durch alle Gelenke hindurch und versuchen, diese locker zu lassen: durch die Knie, die Hüften, die Wirbelsäule, die Schultern, den Nacken, und zuletzt lassen Sie auch noch den Unterkiefer locker.

Wenn das Federn am Anfang noch zu anstrengend ist in den Waden, setzen Sie sich bald wieder und spüren nach, um es nach einer Weile noch einmal zu probieren.

Wirkung:

Nach dem Federn werden Sie bemerken, daß sich Ihr ganzer Körper auch tief innen, nicht nur an der äußeren Schicht, bewegter und freier anfühlt. Der Atem kann nun von selbst tiefer und freier durchschwingen. Manches Festhalten löst sich.

Diese Übung tut auch jenen besonders gut, die das Gefühl haben, sie könnten nicht richtig durchatmen und der Atem sei »blockiert«. Durch das Federn wird der Atem fast wie ein Reflex angeregt.

2. Körperschwung (vgl. Seite 35)

Ausführung:
Sie stehen in Hüftbreite, der Oberkörper ist nach vorne gebeugt. Sie nehmen von unten Schwung und richten sich mit dem Ausatmen auf, ohne jedoch ins Hohlkreuz nach hinten zu überdehnen. Gleich darauf lassen Sie sich wieder nach unten fallen, Kopf und Nacken hängen dabei nach unten, die Knie sind gebeugt, der Einatem fällt von selbst ein. Im Grunde können Sie ihn ganz vergessen, denn er muß ja kommen, nachdem Sie vorher ausgeatmet haben. Mit Schwung geht es dann im Ausatmen wieder nach oben, so daß schließlich eine gleichmäßig schwingende Bewegung entsteht.

Wirkung:
Die Aufwärtsbewegung des Ausatmens wird unterstützt, auch das Zwerchfell bewegt sich ja im Ausatmen nach oben. Auf diese Weise wird verhindert, daß der Einatem eingezogen wird, er kann ganz von selbst kommen, wie ein kurzer Reflex, und sich der äußeren Bewegung anpassen. Sie werden außerdem eine Anregung der Atembewegung und des gesamten Kreislaufsystems verspüren.

3. Pendelschwung

Ausführung:
Sie stehen gut, mit lockeren Knien, die Arme hängen gelöst von den Schultern herab. Nun lassen Sie die Arme seitlich um den Rumpf von einer Seite zur anderen pendeln, bis allmählich ein freies Schwingen daraus entsteht. Die Arme sind dabei nicht steif oder gehalten, sie legen sich vielmehr bei der seitlichen Drehung um den Körper und öffnen sich wieder im Schwung zur anderen Seite. Bei jeder seitlichen Drehung geben Sie gut in den Knien nach, das entlastet die Lendenwirbelsäule.

Pendelschwung

Bald werden Sie bemerken, daß sich Ihr Atem von selbst der schwingenden rhythmischen Bewegung anpaßt. Das Entlassen des Ausatems wird durch die seitliche Schwingung der Arme beinahe zwangsläufig hervorgerufen, Sie atmen also an jeder Seite aus, während der Einatem von selbst in der Zwischenzeit einfällt.

Wirkung:
Durch die starke Unterstützung des Ausatems - hierbei wird auch noch viel von der normalerweise in den Lungen zurückbleibenden Restluft freigegeben - entsteht Raum und Weite im Brustkorb. Er fühlt sich freier und beweglicher an. Der ganze Zwerchfellbereich wird angeregt und damit die Atembewegung. Auch die Wirbelsäule erhält feine Bewegungsimpulse durch die seitliche Drehung.

Richtige Körperhaltung im Sitzen

1. Richtige Körperhaltung im Sitzen (vgl. S. 41)

Ausführung:
Sie sitzen weit vorne auf dem Hocker, so daß die Oberschenkel möglichst frei bleiben. Füße und Beine stehen parallel und in Hüftbreite nebeneinander, die Füße spüren den Boden, sie ruhen auf ihm. Ober- und Unterschenkel bilden einen rechten Winkel. Die Sitzknochen sind deutlich zu spüren auf dem harten Hocker. Man kann ein wenig über den Sitzknochen nach vorne und hinten rollen, um die Position zu finden, in der das Becken wirklich aufgerichtet ist und man sich genau auf den Sitzknochen befindet. Über diese wird dann das Gewicht abgegeben an den Hocker.
Viele neigen dazu, sich in der Aufrichtung aus dem Becken herauszuziehen, das Gegenteil ist jedoch sinnvoll: Das Becken bildet die Basis im Sitzen, und Sie versuchen, sich ganz in das Becken hineinzulassen, darin zu ruhen, was erst gelingt, wenn Sie das Getragensein - in diesem Fall durch den Hocker - bewußt erleben. Über der Basis erhebt sich dann die Wirbelsäule von selbst bis zum Schädel. Sie können sich im Grunde zwei Bewegungskräfte deutlich machen, die hier wirken: die Schwerkraft, das Gewicht strebt nach unten - und der Impuls zur Aufrichtung, die nach oben strebt.
Der Schultergürtel ruht auf dem Brustkorb, Sie müssen ihn nicht hochziehen, um zu sitzen. Die Hände liegen locker auf den Oberschenkeln. Im Sitzen wie im Stehen ist es wichtig, daß sich der Körper senkrecht übereinander aufbaut, um einen offenen Raum zur Verfügung zu stellen für die Atembewegung.

Besondere Hinweise:
Vor allem im Sitzen neigen die einen dazu zusammenzusinken, was zur Folge hat, daß das Zwerchfell sich vorne kaum bewegen kann, die Atembewegung also ganz gering und damit die Sauerstoffzufuhr natürlich auch eingeschränkt ist. Die anderen richten sich zu stark auf, lehnen den Oberkörper meistens zu weit nach hinten, so daß ein »Hohlkreuz« und Spannungen in den Oberschenkeln und im Bauch entstehen. In diesem Fall ist der gesamte Zwerchfellbereich sehr angestrengt, weil er mit halten muß. Die Atembewegung ist daher ebenfalls eingeschränkt.

Wirkung:
Eine gute »Erdung«, damit Sicherheit und ein freies Durchlassen der Atembewegung.

2. Richtige Körperhaltung im Stehen (vgl. S. 40)

Ausführung:
Die Füße stehen parallel und in Hüftbreite nebeneinander, die Knie sind leicht gelöst, also nicht durchgedrückt. Die Füße sind fest verankert mit dem Boden, denn das Körpergewicht wird an den Boden abgegeben, der Boden trägt. Das Gewicht befindet sich nicht, wie sonst üblich, auf den Fersen, sondern eher auf dem vorderen Fuß, es verteilt sich vom Fußgewölbe aus auf den ganzen Fuß. Über den Füßen richtet sich der übrige Körper senkrecht bis zum Scheitel auf. Das tut er ganz von selbst, ohne sich hochziehen zu müssen. Je stärker die Verankerung mit dem Boden, um so leichter und freier die Aufrichtung nach oben. Stellen Sie sich einen Baum vor, der mit seinen Wurzeln fest dem Boden verhaftet ist und um so beweglicher wird, je mehr er nach oben zu geht.

Sie finden die gleiche feine, innere Gegenbewegung wie im Sitzen.

Besondere Hinweise:
Leicht geschieht es, daß man das Becken vorschiebt, im »Hohlkreuz« steht oder das Becken nach hinten hinausdrückt. Das Lösen der Knie wirkt dem bereits entgegen, und man kann darauf achten, daß sich der Körper wie aus einem Guß wirklich senkrecht übereinander aufbaut. Ein einheitlicher, großer innerer Raum entsteht, und das Gewicht kann dann über die gelösten Gelenke an den Boden abgegeben werden.
Dort, wo festgehalten wird, also zum Beispiel im Rücken (Hohlkreuz) oder in den Knien, muß das Gewicht aufgefangen und gehalten werden, es entstehen Überlastungen und daraus bald die bekannten Verschleißerscheinungen in den Gelenken.

Wirkung:
Wie im Sitzen.

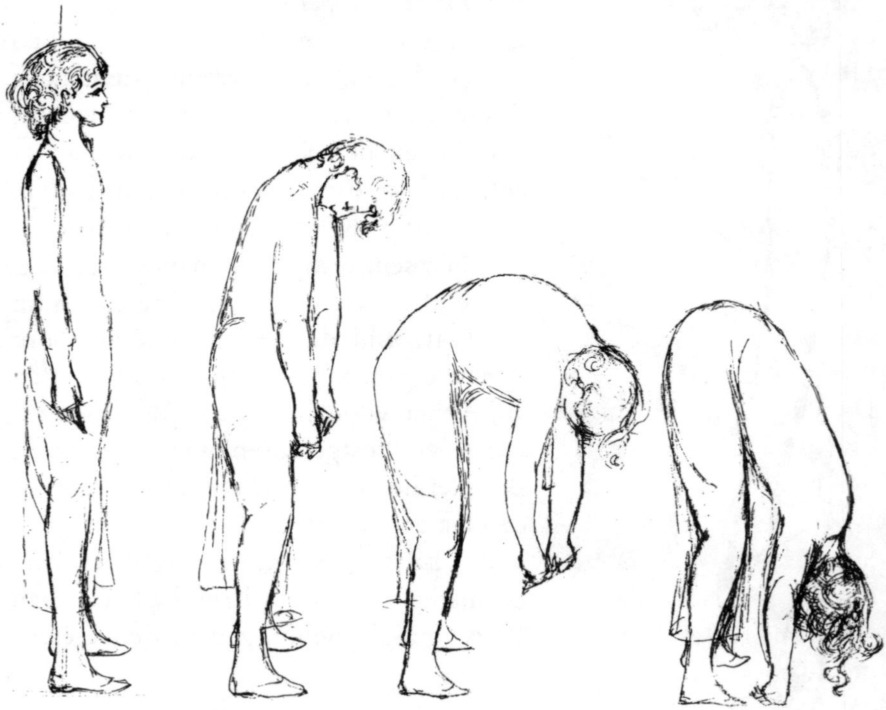

Wirbelbeuge

3. **Wirbelbeuge** (vgl. S. 42)

Ausführung:
Sie stehen wie vorher beschrieben. Langsam senkt sich der Kopf, die Halswirbelsäule dehnt sich dabei. Der hängende Kopf und die Arme ziehen den Oberkörper langsam nach unten, Wirbel für Wirbel rollt der Rücken ab.
Sie spüren genau, wo Sie sich gerade befinden mit der Dehnung. Vorsicht, nicht nach hinten ausweichen, der Rücken bleibt ganz rund, die Knie sind gebeugt. Unten angekommen, bleiben Sie einen Moment hängen und richten sich dann langsam von unten nach oben wieder auf, erst ganz zum Schluß Halswirbelsäule und Kopf. Das Gewicht bleibt die ganze Zeit vorne auf den Füßen.
Die Übung kann mehrfach wiederholt werden, es empfiehlt sich allerdings, sie nicht sofort nach dem Aufstehen zu machen.

Wirkung:
Sie werden sich anschließend ein Stück größer fühlen und Ihre Aufrichtung deutlicher wahrnehmen.
Mit dieser Übung können Sie viele Spannungen und Blockierungen in der Wirbelsäule lösen. Sie sind danach tatsächlich ein Stück größer, da die Bandscheiben wieder mehr Platz bekommen, sich aufzufüllen. Auch die Nerven, die ja zahlreich aus dem Rückenmark austreten und den Körper versorgen, werden gestärkt und belebt.

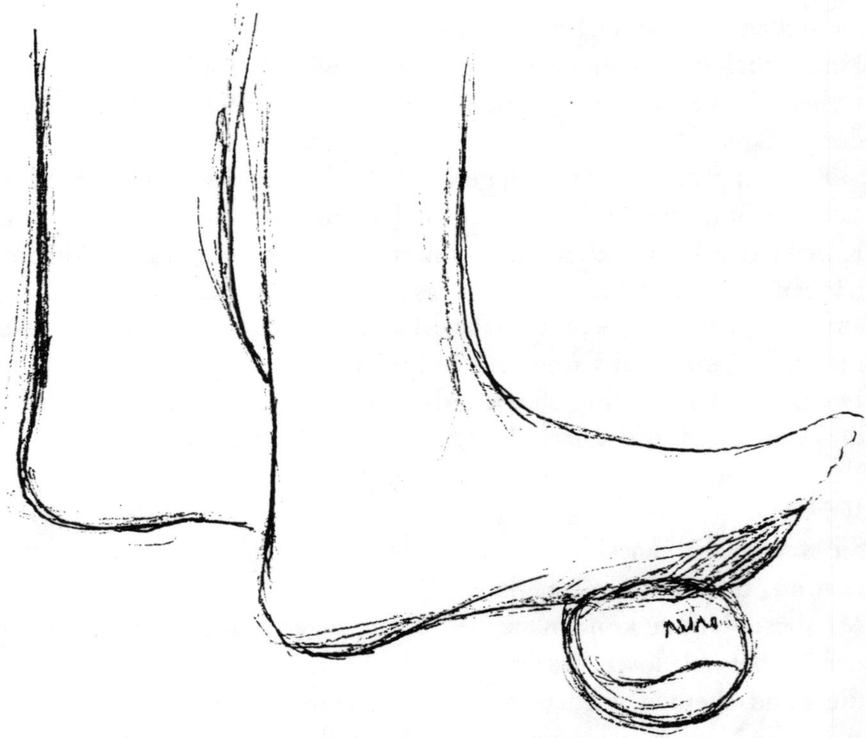

Tennisballübung

1. Tennisballübung

Ausführung:
Für diese Übung benötigen Sie einen Tennisball. Am besten stellen Sie sich so hin, daß Sie sich mit einer Hand irgendwo festhalten können. Der Tennisball liegt auf dem Boden, und Sie beginnen nun, mit dem einen Fuß den Tennisball langsam hin- und herzubewegen; dabei üben Sie einen leichten Druck aus. Falls es schmerzhafte Stellen an der Sohle gibt, lassen Sie etwas nach mit dem Druck, verweilen aber dort ein wenig mit Ihren Ballbewegungen. Achten Sie darauf, daß Sie im Laufe der Zeit möglichst alle Stellen der Fußsohle erreichen: von den Fersen bis zu den Zehen, von der Innenkante bis zur Außenkante. Lassen Sie sich Zeit für diese Übung.
Nachdem Sie einen Fuß erarbeitet haben, vergleichen Sie erst die beiden Füße miteinander und machen dann die vorher beschriebene Wirbelbeuge.
Dabei vergleichen Sie Ihre beiden Körperseiten genau, angefangen von den Füßen über Beine, Becken, Rücken, Schultern, bis in die Arme und Hände.
Anschließend erarbeiten Sie den anderen Fuß ebenfalls mit dem Tennisball und wiederholen daraufhin noch einmal die Wirbelbeuge.

Wirkung:
Die Auswirkungen dieser Übung sind vielfach, Sie werden es sicher bemerkt haben.
Als erstes einmal wird der Fuß selbst stark belebt, gestärkt in seinen Gewölben, verbessert in seiner Beweglichkeit. Sicher haben Sie bereits von den Fußreflexzonen gehört und wissen, daß der ganze Körper sich im Fuß noch einmal widerspiegelt und dort Entsprechungen hat.

Man kann also vom Fuß aus alle Organe zur Tätigkeit anregen, wie es durch diese Übung auch geschieht.
Beim Vergleichen der beiden Körperseiten mit Hilfe der Wirbelbeuge haben Sie vielleicht schon bemerkt, daß die Anregung und Lösung des Fußes die ganze Seite erfaßt. Beim Hinunterbeugen werden Sie spüren, daß der eine Arm viel lockerer hängt als der andere. Oft berührt sogar die eine Hand (der erarbeiteten Seite) den Boden eher als die andere. Wieder einmal ein eindrucksvolles Beispiel, wie groß und umfassend die Zusammenhänge und Verbindungen im ganzen Körper sich auswirken. Nichts geschieht isoliert.

2. Fußballen - Ferse

Ausführung:
Sie sitzen auf dem Hocker und wenden Ihre ganze Aufmerksamkeit Ihrem rechten Fuß zu. Langsam heben Sie die Ferse an, bis der Fuß nur noch auf dem Ballen steht. Ebenso langsam setzen Sie den Fuß ab, dabei bewußt erlebend, wie der Fuß ankommt und Sicherheit findet durch die Unterstützung des Bodens. Erst wenn der Fuß ganz wieder aufgestellt ist, wenden Sie sich der anderen Seite zu. So geht es abwechselnd von einem Fuß zum anderen. Die Fußgelenke werden in der Bewegung allmählich lockerer, auch die Knie geben weich nach.
Nachdem Sie dies eine Weile durchgeführt haben, ändern Sie die Bewegung, indem Sie den Fuß nun zuerst auf die Ferse stellen und von dort langsam auf die ganze Sohle zurückgehen. Erst wenn der Fuß wieder ganz abgesetzt wurde, wechseln Sie zur anderen Seite. Sie werden bemerken, daß jetzt ganz andere Muskeln beansprucht werden als zuvor. Dieselbe Übung können Sie auch gut im Stehen durchführen. Wenn Sie auf den Ballen gehen, können Sie ein wenig Druck ausüben, das stärkt den Ballen und auch die Fußgewölbe. Die abwechselnde

Fußbewegung kann allmählich auch schneller und spielender werden, eine schwingende Bewegung entsteht. Ebenso dann auch die umgekehrte Bewegung, in welcher der Fersendruck zuerst erfolgt.
Interessant zu beobachten ist, daß der Atem unterschiedlich reagiert, je nachdem, ob der Druck durch den Ballen oder die Ferse erfolgt. Der Druck auf den Ballen ruft den Einatemimpuls vor allem in Höhe des Brustbeins hervor, während der Druck auf die Ferse den Einatem ins Becken fallen läßt.

Wirkung:
Starke Belebung der Füße und Unterschenkel. Kräftigung der Füße. Beim Nachspüren wird der Atem sich leicht und frei nach unten bewegen, ohne daß Sie nachhelfen müssen.

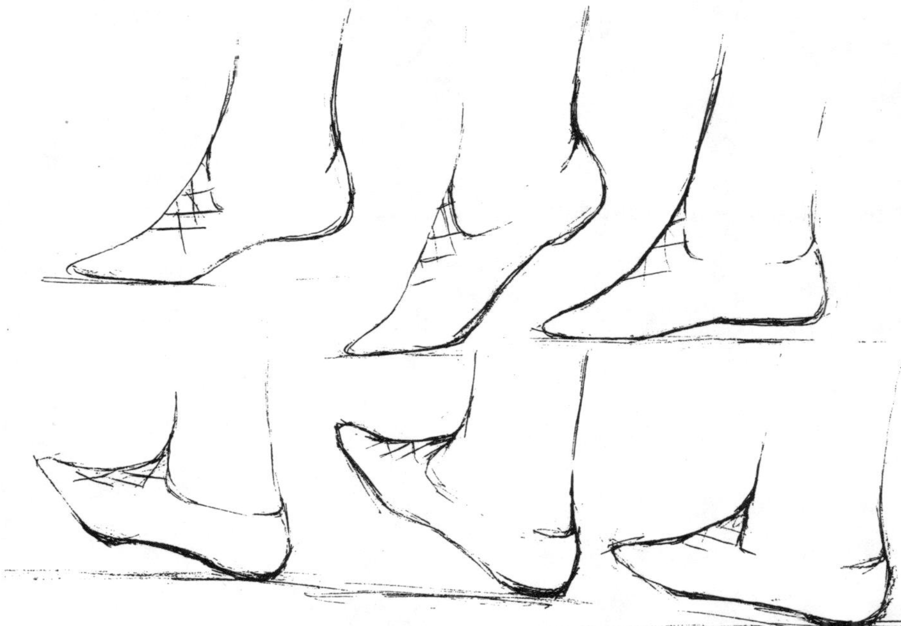

Fußballen - Ferse

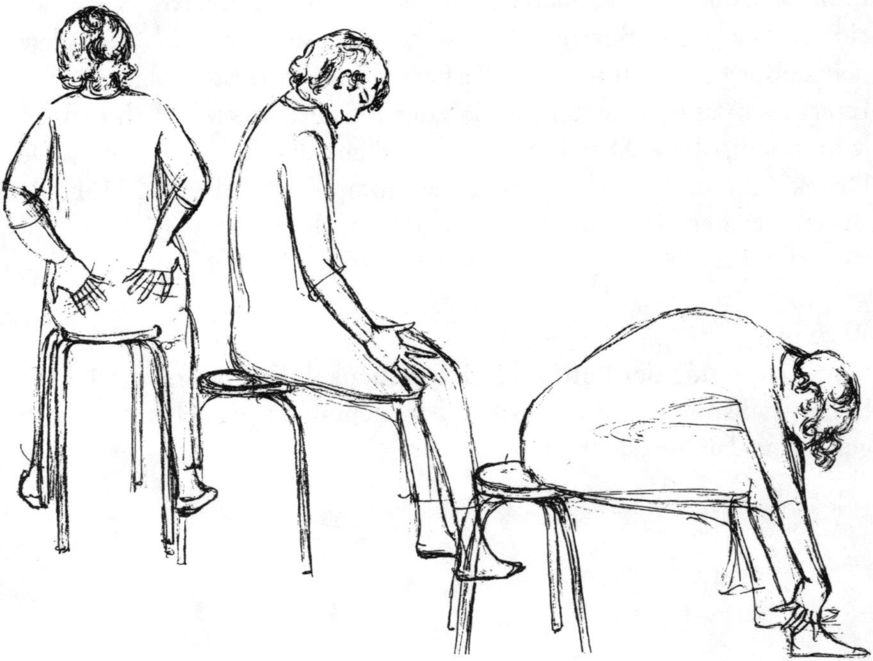

Ausstreichen von Becken und Beinen

3. Ausstreichen von Becken und Beinen

Ausführung:
Gut sitzend streichen Sie mit den breiten Handflächen (nicht nur mit den Fingern!) vom Kreuzbein seitlich über die Hüften und weiter seitlich an den Beinen entlang bis nach unten zu den Füßen; von dort an der Vorderseite der Beine zurück, nach oben, über den Bauch und zum Kreuzbein. Von dort geht es wieder nach unten, wie beschrieben. Und immer so weiter, daß eine fließende, streichende Bewegung entsteht. Der Oberkörper geht dabei weit nach vorne, und der Nacken gibt weich nach.

Wirkung:
Füße, Beine und Becken werden bewußt. Die Durchblutung der Beine wird gefördert und damit der Kreislauf insgesamt angeregt. Die Atembewegung fließt in die äußere Bewegung mit ein, wird dadurch angeregt und unterstützt.

4. Kreisen der Gelenke im Stehen

Ausführung:
Sie stehen in Hüftbreite, Fuß-, Knie- und Hüftgelenke sind möglichst gelöst.
Als erstes wenden Sie sich Ihren Fußgelenken zu und beginnen von dort aus mit beiden Gelenken in die gleiche Richtung zu kreisen. Die Fußsohlen bleiben dabei fest am Boden, das heißt, der Kreis wird nicht sehr groß, genau angepaßt an den Bewegungsspielraum der Fußgelenke. Dabei werden Sie spüren, daß dieser Bewegungsspielraum nach vorne größer ist als nach hinten.
Bei dem Kreisen der Fußgelenke müssen auch Knie- und Hüftgelenke bereits etwas nachgeben. Wenn Sie merken, daß die Fußgelenke allmählich lockerer und durchlässiger werden, richten Sie Ihre innere Aufmerksamkeit auf die Kniegelenke und führen nun den Kreis mit den Kniegelenken an, die Bewegung geht jetzt von hier aus.
Sobald Sie meinen, daß die Knie durchlässig geworden sind, nehmen Sie schließlich die Hüftgelenke wahr und beginnen, von dort aus zu kreisen.
Bisher geschah alles Kreisen in derselben Richtung. Nun können Sie in der entgegengesetzten Richtung wieder zurückkreisen, von oben nach unten: also zuerst die Hüftgelenke, dann die Knie- und zum Schluß die Fußgelenke. Anschließend spüren Sie im Stehen sehr gut nach.

Wirkung:
Die Gelenke der Beine werden bewußt, locker und durchlässig. Sie sind nun in der Lage, das Körpergewicht nach unten durchzulassen - anstatt es festzuhalten - und an den Boden abzugeben. Es entsteht eine gute Verbindung zum Boden. Vielleicht kann auch erlebt werden, daß Stabilität nichts mit Starrheit zu tun hat, sondern von Bewegung erfüllt ist.

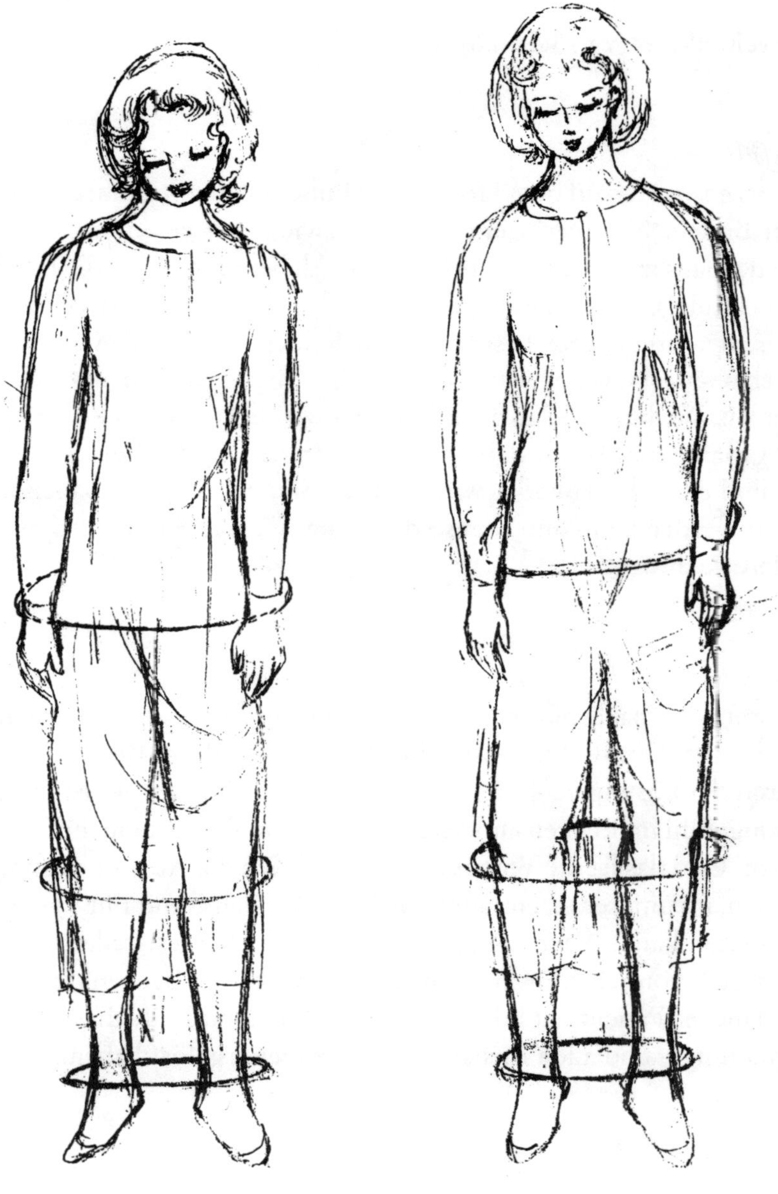

Kreisen der Gelenke im Stehen

5. Beckenkreis (vgl. Seite 26)

Ausführung:
Sie sitzen wieder auf dem Hocker, die Füße ruhen mit ganzer Sohle auf dem Boden. Nun verlagern sie Ihr Gewicht auf einen Sitzknochen, von dort aus nach hinten zum Steißbein (dabei rundet sich die Lendenwirbelsäule!), weiter zum anderen Sitzknochen, und über vorne geht es dann weiter in der beschriebenen Reihenfolge, so daß allmählich durch Gewichtsverlagerung ein gleichmäßiges Kreisen des Beckens entsteht. Wichtig ist, daß die Bewegung wirklich vom Becken ausgeht, der Oberkörper bleibt dabei ganz locker. Sobald die Bewegung harmonischer und fließender wird, spüren Sie, ob auch die Bauchdecke gelöst werden kann und ebenso die Beine. Wählen Sie auch einmal die andere Richtung.

Wirkung:
Während Sie nachspüren, wird sich manches bemerkbar machen. Sie werden Lockerung und verstärkte Durchblutung im Becken spüren. Durch die Lösung auch der inneren Muskulatur kann ein ganz neues Raumgefühl im Becken entstehen; Sie meinen, dort nun mehr Platz zu haben. Und das ist die Voraussetzung, daß sich die Atembewegung im Becken, im unteren Atemraum, zu dem auch Beine und Füße gehören, ausbreiten kann. Nach einigem Üben werden Sie feststellen, daß der Atem sich von selbst im Becken einstellt nach dem Beckenkreis.
So mancher Patient hat mir berichtet, daß sich mit Hilfe dieser Übung Verdauungs- und auch Menstruationsprobleme gelöst haben.

Beckenkreis

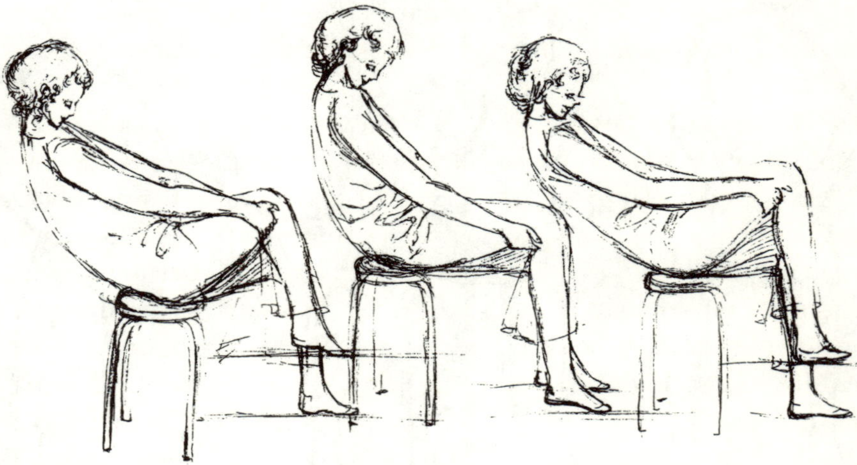

»Das Bein hängt in der Armschlaufe«

6. »Das Bein hängt in der Armschlaufe«

Ausführung:
Im Sitzen verschränken Sie beide Hände unter dem rechten Knie, so daß das Bein wie in einer Schlaufe hängt. Die Arme sind ausgestreckt, und Sie sind mit dem Rücken weit nach hinten gelehnt, befinden sich also mit dem Gewicht hinter den Sitzknochen, fast auf dem Kreuzbein.
Der Rücken bildet gleichsam das Gegengewicht zu dem hängenden Bein. Sie lassen den Unterschenkel gut hängen, und alle Wahrnehmung richtet sich auf den Fuß. Ganz allmählich - im Zeitlupentempo möchte ich beinahe sagen - lassen Sie sich nun vom Gewicht des Fußes nach unten ziehen, bis er weich und behutsam aufsetzt. Sie lösen die Hände, schütteln sie eventuell ein wenig aus, falls sie zu angestrengt waren und wiederholen denselben Ablauf noch ein- bis zweimal auf der rechten Seite. Dann vergleichen Sie erst beide Seiten gut miteinander, bevor Sie zur linken übergehen.
Erst das Nachspüren zum Schluß wird Ihnen volle und tiefgehende Wirkung zeigen.

Wirkung:
Nach dem Vergleich zwischen den beiden Seiten höre ich oft den Kommentar: »Die bearbeitete Seite ist jetzt viel tiefer, es ist, als ob ich auf einer Treppe sitze.«
Im nachhinein können Sie spüren, wie sich der innere Raum nach unten geöffnet hat. Mir kommt oft das Bild eines »Sockels« nach dieser Übung, als ob ich selbst in einem Sockel sitze, der ruhige Sicherheit vermittelt. Auch durch diese Übung vermag der Atem tief nach unten zu fließen. Es ist möglich, einen nicht fixierten Beckenschiefstand allmählich auszugleichen.

7. **Beckenkippen** (vgl. Seite 36)

Ausführung:
Auf ähnlicher Grundlage wie den bereits beschriebenen Körperschwung vollziehen Sie diese Übung: Sie sitzen wieder und lauschen zunächst einmal auf Ihren Atemrhythmus, spüren, wie er von selbst kommt und geht, ohne daß Sie eingreifen müssen.
Dann rollen Sie leicht hinter Ihre Sitzknochen, die Lendenwirbelsäule wird etwas rund dabei, die Bauchdecke bleibt locker. Während dieser Phase kommt der Einatem, er fließt in das Becken wie in ein Gefäß.
Und im Ausatem richten Sie sich dann von unten nach oben wieder auf, zum Schluß erst den Kopf. Es ist also der Ausatem, welcher mithilft, Sie aufzurichten.
Sie können die Bewegung so lange durchführen, wie Sie sich dabei wohlfühlen.
Wichtig ist dabei nur, daß Sie die Bewegung ganz und gar Ihrem Atemrhythmus anpassen, nicht umgekehrt, bis Atem und Bewegung wirklich eine Einheit werden. Das wird nicht gleich gelingen. Doch mit Einfühlungsvermögen und unter Weglassen Ihrer Vorstellungen von Ihrem Atem wird sich die Harmonie allmählich einstellen.

Wirkung:
Diese Übung fördert Ihren natürlichen Atemrhythmus, insbesondere die Ausatemkraft, und unterstützt die Aufrichtung von innen mit Hilfe des Ausatems.

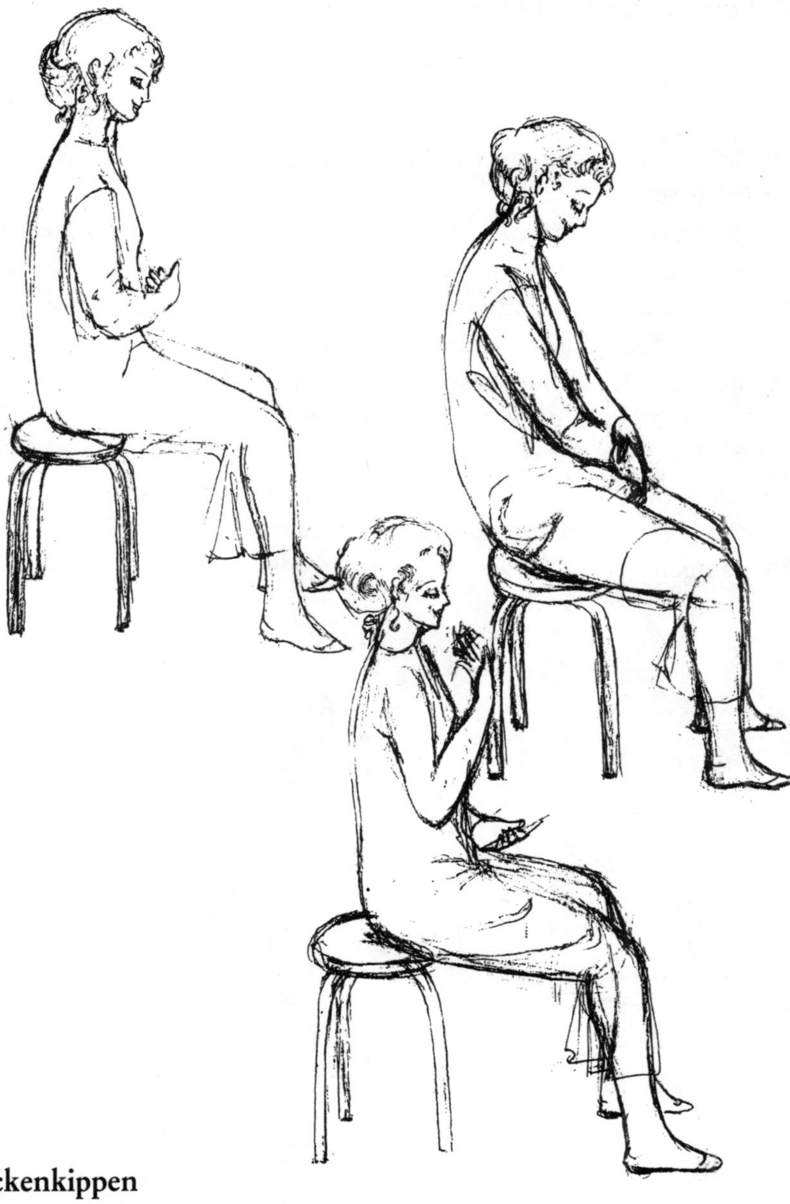

Beckenkippen

8. Gehen mit den Sitzknochen

Ausführung:

Zunächst beginnen Sie auf dem Hocker, Sie sitzen ganz weit vorne auf der Sitzfläche.

Nun fangen Sie an, mit den Sitzknochen abwechselnd nach hinten zu wandern; während der eine Sitzknochen sich nach hinten schiebt, ist das Gewicht auf dem anderen Sitzknochen. Die Hüften verschieben sich dabei diagonal gegeneinander. Wenn Sie am Ende der Sitzfläche angelangt sind, legen Sie denselben Weg nach vorne zurück.

Die ganze Übung können Sie auch auf dem Boden durchführen. Dies fällt vielen jedoch schwerer, weil sie sich im Becken und in der Lendenwirbelsäule so schlecht aufrichten können mit gleichzeitig ausgestreckten Beinen. Mit regelmäßiger Übung wird das jedoch schließlich auch gelingen.

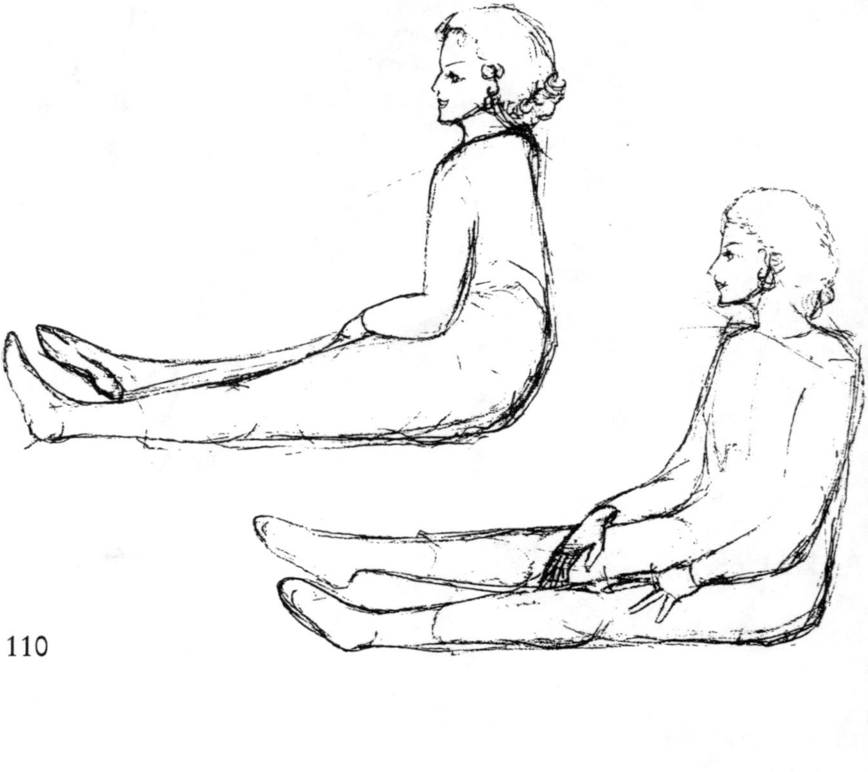

Wirkung:
So manches vielbesprochene Übel kann mit dieser Übung in Angriff genommen werden, zum Beispiel die »ewigen Kreuzschmerzen« oder der leidige »Ischias«.
Besonders angesprochen, gedehnt und gelockert werden die gelenkigen Verbindungen zwischen Kreuzbein und Beckenknochen, die Ileosacralgelenke. Wiederum wird ein Muskel aktiviert, der innen an der Lendenwirbelsäule ansetzt und von dort beidseitig schräg durchs Becken und den Leistenkanal verläuft und schließlich mit den Oberschenkelknochen verbunden ist; er heißt Ileopsoas und ist für wichtige Bewegungen zwischen Becken und Beinen zuständig, z.B. Beugung im Hüftgelenk, also beim Gehen wichtig und für bestimmte Rotationsbewegungen. Er ist von großer Bedeutung für die Aufrichtung und Haltung.
Bei Verspannung, die recht häufig vorkommt, wird das »Hohlkreuz« (Lordose) verstärkt, die Atembewegung in die unteren Gliedmaßen hinein ist gar nicht oder kaum möglich, denn dieser Muskel leitet sie dann nicht weiter. Mit Hilfe der vorausgehenden Übung kann dieser Muskel also gezielt in seiner Funktion gefördert werden. Die Verbindung zwischen Becken und Beinen wird freier, Lendenwirbel und Kreuzbein werden gestärkt.

1. Mittenkreis (vgl. Seite 27)

Ausführung:
Zum Erleben des mittleren Raumes vollziehen Sie einmal folgende Übung nach:
Sie setzen sich auf den Hocker, so daß der mittlere Raum - er befindet sich auf der Höhe zwischen Nabel und Brustbein - möglichst frei bleiben kann. Also keinen Rundrücken machen, denn dann ist die vordere »Mitte« eingezogen. Sie sollten auch nicht überaufgerichtet sitzen, denn dann ist die hintere Mitte unbeweglich und fest.
Nun streichen Sie mit beiden Händen ringsherum den ganzen mittleren Bereich aus, auch an den Seiten und hinten. Sie können hinten auch einmal etwas fester in die Muskulatur hineingreifen, sie kneten und aufdehnen. Anschließend spüren Sie diesen Ring, den Sie gestrichen haben und in dessen Höhe auch das Zwerchfell ansetzt, und kreisen dort von innen entlang, so daß Sie jeden Zentimeter mit Ihrer Wahrnehmung erfassen. Man kann sich auch ein Bild zu Hilfe nehmen: als ob eine Kugel von innen an dem Ring entlangkreist.

Wirkung:
Beim Nachspüren werden Sie bemerken, daß sich der ganze Bereich viel weiter anfühlt. Sie können dann noch eine Hand vorne auf die Mitte legen, die andere mit dem Handrücken genau gegenüber auf den Rücken und den Raum zwischen Ihren Händen spüren.
Für viele ist es sehr angenehm, sich im mittleren Raum einzufinden und zu fühlen. In der Mitte finden Sie mit dem Sonnengeflecht als

Mittenkreis

Mittler den stärksten Zugang zu sich selbst. Ein tiefes Ruhen in der Mitte, welches Sicherheit und Vertrauen in sich birgt, kann zu einem umfassenden Erlebnis werden.

2. Stimmübung mit »sch« (vgl. Seite 37)

Ausführung:
Sitzend legen Sie Ihre Hände vorne auf die Rippenbögen. Daraufhin lassen Sie ein weiches »sch« durch die Zähne strömen, dabei merken Sie deutlich, wie die Rippenbögen nach innen zurückschwingen. Nicht nachdrücken, sondern nur so lange ausatmen, wie es von selbst strömt. Nach dem kurzen Abwarten in der Atempause werden die Rippenbögen von selbst wieder weit, ohne daß Sie nachhelfen müssen. Dasselbe können Sie auch spüren, wenn Sie die Hände seitlich auf die Rippenbögen oder hinten neben die Lendenwirbelsäule legen. Auch dort zeigt sich eine deutliche Bewegung, unterstützt durch das »sch«.

Wirkung:
Lösung und Anregung der Zwerchfellbewegung. Mir fällt es leichter, im Ausatem wirklich loszulassen, besonders, wenn das »sch« nur wie ein Hauch entlassen wird, vollkommen ohne Druck.

3. Stimmübung mit »p«, »t«, »k«

Ausführung:
Sitzend oder stehend geben Sie mehrfach hintereinander ein kurzes, scharfes »p« von sich, dabei verspüren Sie jedesmal einen kurzen inneren Anschlag gegen die Rippen. Zwischen jedem »p« erfolgt reflexartig der Einatem, Sie bemerken ihn kaum. Ebenso machen Sie es dann mit dem »t« mehrfach hintereinander und auch mit dem »k«. Und

schließlich wechseln Sie alle drei immer nacheinanderfolgend ab. Wenn Sie genau hinspüren, werden Sie feststellen, daß die Anstöße der verschiedenen Buchstaben in unterschiedlicher Höhe im Brustkorb liegen, das »p« schlägt weiter oben an, das »t« in der Mitte und das »k« ziemlich genau in Zwerchfellhöhe.

Wirkung:
Alle drei Buchstaben regen sehr stark die lockere Zwerchfellbewegung an, die nicht gemacht, sondern zugelassen werden muß.
Anschließend verspüren Sie Weite und eine freie Atembewegung. Diese Übung kann sehr gut als Vorübung zum Singen angewandt werden.

4. Begleitung der Atembewegung mit den Händen

Ausführung:
Diese Übung sollte im Anschluß an eine der drei vorausgehenden zum mittleren Raum durchgeführt werden. Sie nehmen Ihren Sitz so ein, daß das Zwerchfell frei schwingen kann und legen beide Hände übereinander auf die Mitte zwischen Nabel und Brustbein. Sie finden sich ganz ein unter Ihren Händen, lauschen auf Ihre Atembewegung, der Sie allmählich versuchen, sich ganz hinzugeben und sie zuzulassen.
Wenn Sie das Gefühl haben, ganz und gar mit ihr verbunden zu sein, lösen Sie Ihre Hände allmählich von der Mitte und halten sie nun in einem selbstgewählten Abstand vom Körper in derselben Höhe wie vorher, ohne die Verbindung zu Ihrer Atembewegung zu verlieren.
Zur Unterstützung können Sie wieder ein Bild zu Hilfe nehmen: als ob Ihre Hände und die Körpermitte mit unsichtbaren Fäden verbunden seien.
In dem Maße, wie der mittlere Raum sich weitet in der Einatembewegung, lösen sich auch Hände und Arme noch weiter vom Körper

und begleiten die Atembewegung außerhalb des Körpers in die Weite, wie ein Ring, der sich öffnet. In der Ausatembewegung schwingen die Körperwände nach innen zurück, und dieser Bewegung folgen Hände und Arme ebenso, ohne jedoch den Körper direkt wieder zu berühren. Und auf diese Weise setzen Sie die Bewegung Ihrer Hände und Arme fort: weit und schmal, in völligem Einklang mit Ihrer Atembewegung. Versuchen Sie darauf zu achten, daß Ihre Bewegungen nicht zu stereotyp werden, auch der übrige Körper bleibt nicht unbewegt, er schwingt ein wenig mit. Vielleicht entsteht auch das Bedürfnis aufzustehen, geben Sie dem ruhig nach und lassen Sie mehr Freiheit und Spielerisches zu in der Bewegung. Nur das Thema ist vorgegeben: weit und schmal im Atemrhythmus.

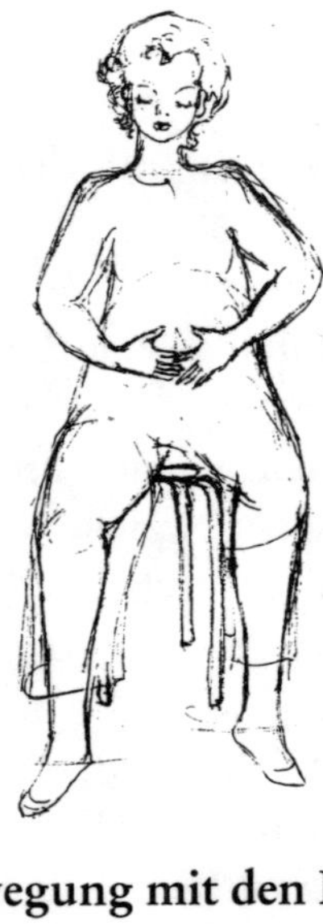

Begleitung der Atembewegung mit den Händen

Wirkung:
Sie können Zugang finden zu Ihrem individuellen, natürlichen und ursprünglichen Atemrhythmus, ihn neu entdecken und zulassen.
Die Empfindung einer »inneren Mitte« vermag zu wachsen.

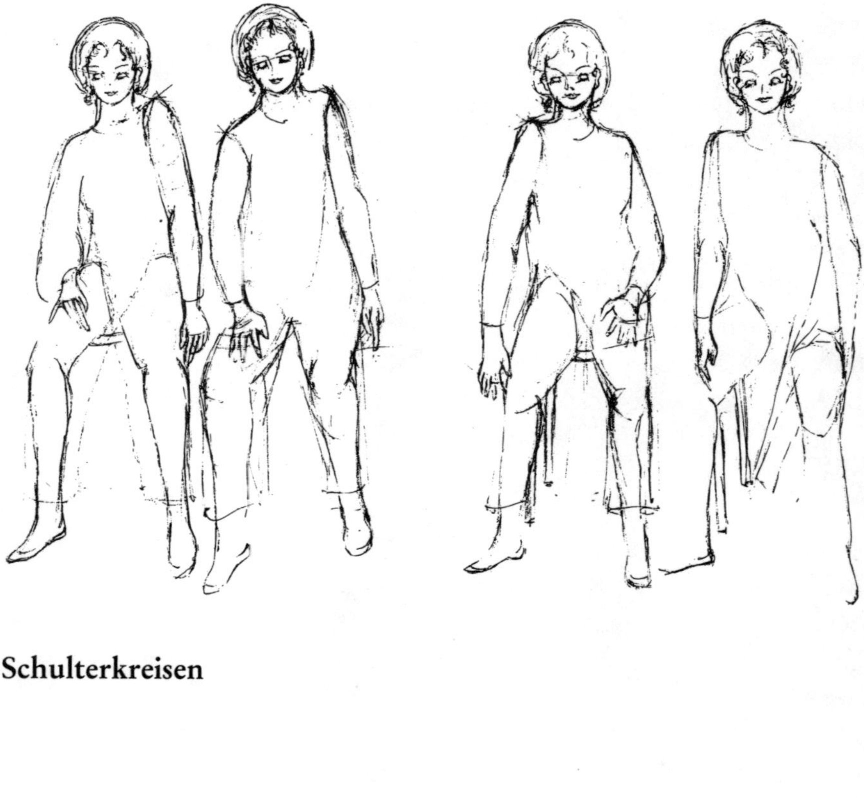

Schulterkreisen

1. Schulterkreisen (vgl. Seite 28)

Ausführung:
Im Sitzen tasten Sie zunächst eine Schulter ab, spüren ihre Konturen, die Beschaffenheit. Oft fühlt sie sich ganz anders an als das Bild, das in der Vorstellung von ihr existiert. Nachdem Sie auch die andere Schulter mit den Händen belebt haben, beginnen Sie mit einer Schulter langsam zu kreisen, von vorne nach oben, hinten, unten! Sie fühlen sich hinein in die Bewegung, versuchen sie durch das Schultergelenk hindurchzulassen, bis sie runder und harmonischer wird.
Bevor Sie zur anderen Seite wechseln, vergleichen Sie erst wieder die beiden Schultern miteinander und erarbeiten dann die andere Seite in gleicher Weise.

Wirkung:
Beim Vergleich zwischen den beiden Schultern, wenn also erst eine Seite erarbeitet ist, werden Sie spüren, daß die bearbeitete Schulter sich größer und belebter anfühlt, es kann auch hier ein Raumgefühl entstehen.
Im nachhinein werden Sie nun wahrscheinlich auch im gesamten oberen Raum Atembewegung wahrnehmen können, die jedoch, wenn sie wirklich von selbst kommen darf, zarter und feiner ist in ihrer Qualität als im unteren oder mittleren Raum.

2. Schulterkreis

Ausführung:
Diese Übung können Sie sitzend und/oder stehend durchführen. Die Arme hängen locker neben dem Körper. Der Schultergürtel neigt sich zuerst zu einer Seite, beschreibt dann einen Halbkreis über vorne, indem beide Schultern nach vorne hängen, und kommt seitlich über der anderen Seite wieder hoch, um sich wieder waagerecht aufzurichten. Die Bewegung geht wohlgemerkt von den Schultern aus, Kopf und Nacken folgen weich nachgebend der Bewegung über die Seite nach vorn zur anderen Seite und sich wieder aufrichtend. Sie können mehrere Halbkreise fließend aneinanderreihen, ohne zu unterbrechen, wechseln dann jedoch häufiger die Richtung, um nicht schwindlig zu werden.
Auch die Arme folgen weich der Bewegung des Schultergürtels, ohne festgehalten zu werden.

Wirkung:
Muskulatur und Gelenke des Schultergürtels und Nackens vermögen sich zu lösen, auf diese Weise entsteht Raum für die Atembewegung.

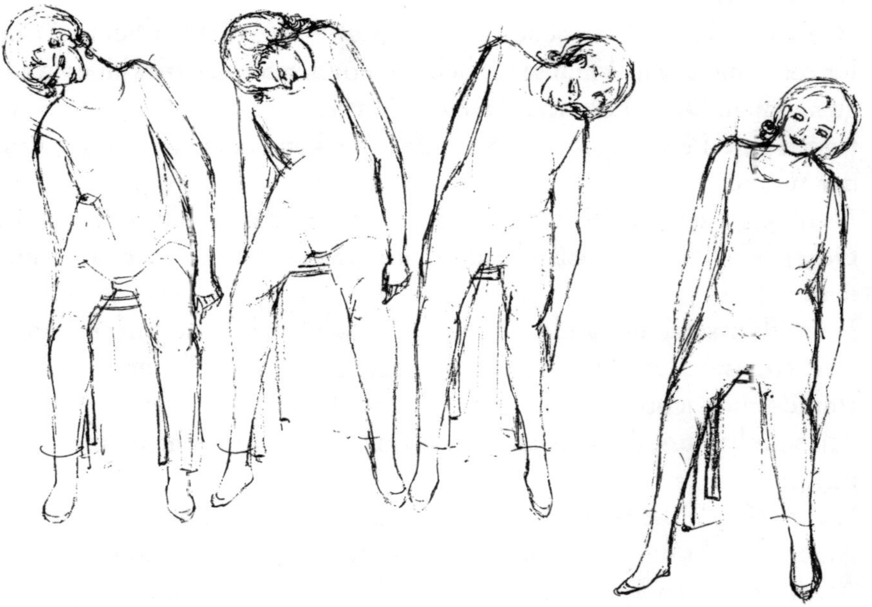

Schulterkreis

3. **Schulterwaage** (vgl. Seite 28)

Ausführung:
Wie zuvor lassen Sie wieder im Sitzen und/oder Stehen beide Arme locker hängen. Zur Veranschaulichung können Sie das Bild einer Waage nehmen. Die Schultern bilden den Waagebalken, an den Armen befinden sich die Waagschalen, Kopf und Nacken bilden das Zünglein an der Waage.
Nun neigt sich eine Schulter nach unten, der Kopf geht leicht in die Gegenbewegung, so daß sich die seitliche Halsmuskulatur sanft aufdehnt.
Daraufhin setzt die andere Schulter an und dehnt sich nach unten, während der Kopf leicht in die entgegengesetzte Richtung geht. Der Impuls zur Richtungsänderung geht also immer von der höherstehenden Schulter aus, die sich langsam senkt und das Gewicht auf ihre Seite zieht.
Während sich die Schulter nach unten dehnt, kommt der Einatem, im Ausatem geht der Kopf zurück zur Mitte. Zu Beginn kann man den Atem auch einfach laufen lassen, unabhängig von der Bewegung.

Wirkung:
Bei dieser Übung können sich neben der Schultermuskulatur auch Nacken und Unterkiefer lösen.

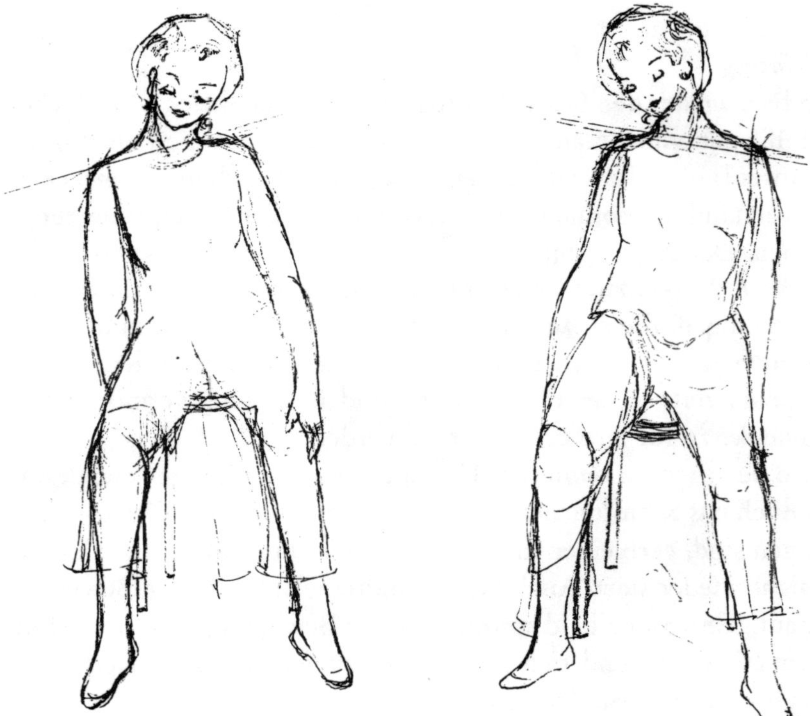

Schulterwaage

4. Bewegen der verschiedenen Armgelenke

Ausführung:
Auch hier wieder den Sitz gut aufbauen, das Fundament, also Becken und Füße gut einnehmen, sonst wird es nicht gelingen, im oberen Bereich loszulassen; die Spannungen können nicht nach unten abfließen. Selbstverständlich können Sie auch einmal mit der linken Seite zuerst beginnen. Der Arm hängt locker, der Unterarm ist angewinkelt, also im rechten Winkel zum Oberarm. Nun beginnen Sie mit viel Einfühlungsvermögen, die einzelnen Gelenke der Finger weich und spielerisch zu bewegen, ihren Bewegungsspielraum kennenzulernen und auszuprobieren. In der Hinwendung und Bewegung vermögen sich die Gelenke zu lockern und freier zu werden.
Ebenso bewegen Sie dann Ihre Handgelenke, das Ellbogengelenk und schließlich das Schultergelenk. Sobald Sie zum nächsten Gelenk übergegangen sind, verbleiben die anderen in weicher Bewegung, sie werden nicht wieder starr. Auch beim Schultergelenk hört die Bewegung nicht auf, Sie werden bald spüren, daß die Bewegung auch das Schulterblatt mit erfaßt und sich über die Rückenmuskulatur nach unten fortsetzt - *wenn Sie sie hindurchlassen.*
Im Grunde gibt es keine isolierte Bewegung im Körper - und besonders die Gelenke sollten nicht trennend sein, sondern fließende Übergänge bilden für die äußere Bewegung wie auch für die innere, also Atembewegung und Durchblutung.
Bevor Sie zur rechten Seite überwechseln, vergleichen Sie erst wieder die Seiten miteinander.

Bewegen der verschiedenen Armgelenke

Wirkung:
Mir sind verschiedene Fälle bekannt, in denen Patienten sich mit Hilfe dieser Übung von Arthrose und Arthritis befreien konnten. Dabei ist es natürlich notwendig, häufig und intensiv zu üben.
Besonders beim Vergleich zwischen der erarbeiteten und der anderen Seite werden Sie einen großen Unterschied verspüren. Die erarbeitete Seite kann sich sehr viel weiter anfühlen, der Atem breitet sich verstärkt in dieser Seite aus, aber frei und leicht, nicht drängend.
Ablagerungen durch Schlacken und Giftstoffe können sich lösen nach dieser Übung. Daher ist es wichtig, anschließend ausreichend zu trinken, wie überhaupt nach den Übungen, um die Ausscheidung anzuregen.

Seitliches Neigen des Kopfes

5. Seitliches Neigen des Kopfes

Ausführung:

Im Sitzen spüren Sie gut die Aufrichtung der Wirbelsäule bis zum Kopf. Ganz langsam wenden Sie den Kopf waagerecht zur rechten Seite, bis Sie einen Widerstand spüren. Dort halten Sie inne und neigen den Kopf ein wenig seitlich nach hinten, so daß auf der gegenüberliegenden linken Seite eine sanfte Dehnung entsteht, in der seitlichen Halsmuskulatur.

Die Dehnung wird spontan von einem Einatemzug begleitet, im Ausatem richten Sie den Kopf wieder auf und führen ihn langsam bis zur Mitte zurück. Dort warten Sie einen Moment, um wieder das Gefühl für die Senkrechte zu bekommen. Dann führen Sie dasselbe auch auf der linken Seite durch. Beim langsamen Wenden des Kopfes läuft der Atem frei weiter. Es ist ratsam, die Übung insgesamt auf beiden Seiten nur zweimal durchzuführen, und zwar behutsam und langsam.

Wirkung:

Die Übung kann sehr intensiv wirken, indem sich Blockierungen in der Halswirbelsäule lösen können, das hat wiederum Auswirkungen auf das Gleichgewichtsorgan, auf die Durchblutung des Kopfes und die Verbindung zwischen Kopf und Rumpf. Ein tiefes, befreites Atmen ist oft die Folge.

6. Senken und Aufrichten des Kopfes

Ausführung:

Gut sitzend senken Sie langsam den Kopf, bis er ganz nach vorne hängen kann, während der Rumpf vollkommen aufgerichtet bleibt.
Ebenso langsam richtet der Kopf sich wieder auf, als ob er vom Hals aus langsam aus den Schultern nach oben hinauswächst. Der Atem läuft frei, ohne sich an die Bewegung anzupassen. Wie bei allen Übungen, versuchen Sie in zunehmendem Maße, diese zu *erleben*, so wird Ihnen auch die tiefe seelische Qualität allmählich immer deutlicher.
Beim Senken des Kopfes genießen Sie das Eintauchen, die Abgeschlossenheit von außen und die Geborgenheit. Beim Auftauchen und Aufrichten treten Sie wieder in Erscheinung, begegnen der Außenwelt - ent-falten sich. Im oberen Raum und am vorderen Brustkorb und Gesicht drückt sich die persönliche, innere Entfaltung sehr stark aus.

Wirkung:
Ein Gefühl des Ausgeglichenseins kann auftreten durch das Erlebnis der beiden Pole: Geborgenheit und In-Erscheinung-Treten.
Lösung und gute Aufrichtung der Halswirbelsäule.

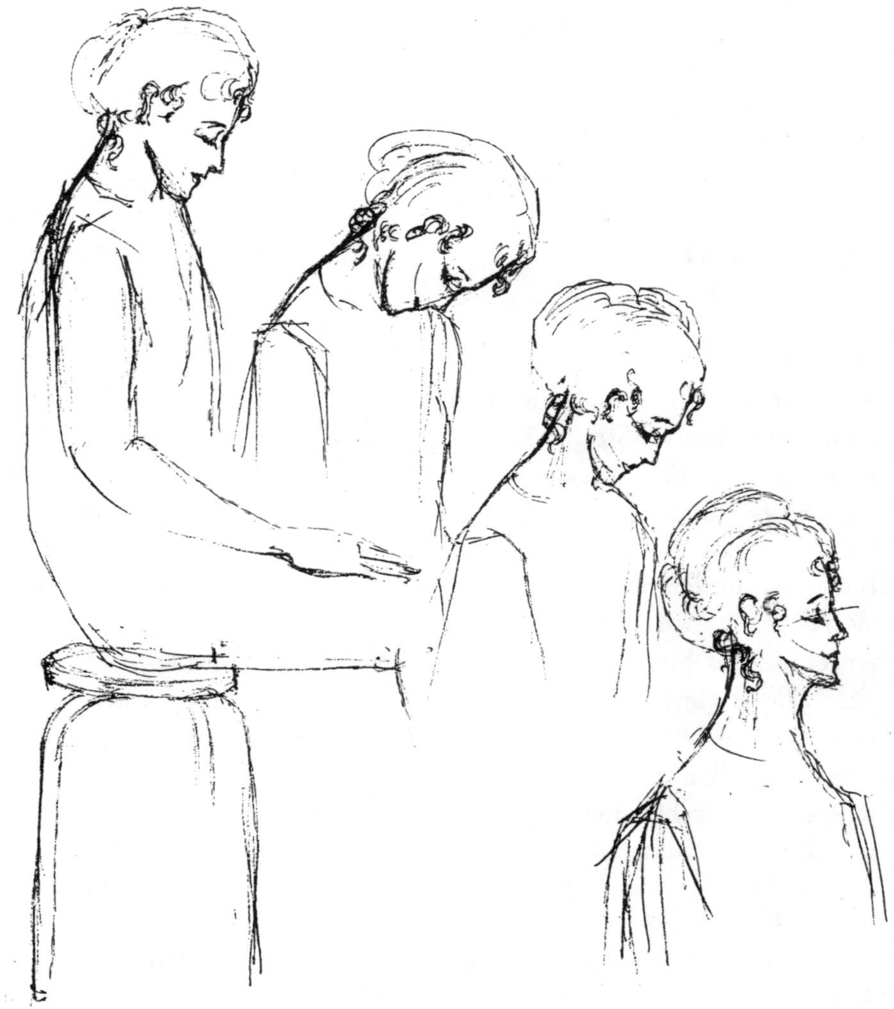

Senken und Aufrichten des Kopfes

1. Sich tragen lassen

Ausführung:
Am besten legen Sie sich für die folgenden Übungen auf den Boden, zumindest aber müßte die Unterlage ziemlich fest sein, ein weiches Bett wäre also nicht so geeignet.
Überprüfen Sie auch, ob Sie besser liegen mit einem Kissen unter dem Kopf oder ohne.
Bevor Sie mit den Übungen beginnen, können Sie sich, genau wie im Sitzen und Stehen, erst einmal ausgiebig dehnen und rekeln.
Anschließend bleiben Sie ruhig auf dem Rücken liegen, die Beine befinden sich in Hüftbreite, die Arme liegen neben dem Körper.
Das Tragenlassen ist ein innerer Vorgang, ein Bewußtwerdensprozeß, keine äußerlich sichtbare Veränderung. Sie beginnen damit, Ihren rechten Fuß wahrzunehmen, die Ferse, die den Boden berührt, und machen sich klar, daß der Boden den Fuß trägt und Sie vertrauensvoll das Gewicht an den Boden abgeben können, ebenso spüren Sie den Unterschenkel und lassen ihn tragen, danach den Oberschenkel. Sie nehmen wahr, daß das ganze rechte Bein getragen ist, daß Sie sich ganz dem Boden überlassen können. Je besser Ihnen das gelingt, um so weniger müssen Sie selbst festhalten. Sie brauchen sich dieses Getragensein nicht vorzustellen oder zu suggerieren, denn es ist ja Realität, ein Gesetz, in das Sie sich bewußt einfügen, das Sie annehmen.
In gleicher Weise beziehen Sie das linke Bein mit ein, von unten nach oben, den unteren Rücken, die rechte Hand, Unterarm, Oberarm,

ebenso den linken Arm, den Schultergürtel, den mittleren Rücken und schließlich Nacken und Kopf.
Am Ende spüren Sie, daß Sie von Kopf bis Fuß getragen sind, Sie vertrauen sich dem Boden an. Erst das Gefühl für das Getragensein gibt Ihnen die Sicherheit, nun loslassen zu können. Dieses Loslassen aber ist ein tiefer seelischer Vorgang, zu dem uns die Körpererfahrung hinzuführen vermag.

Wirkung:
Im Getragensein breitet sich der Atem im ganzen Körper aus, er wird ruhig und tief. Der Körpertonus reguliert sich in idealer Weise, so daß man sowohl erfrischt aufstehen kann, als ob man sich im Schlaf erholt hat, als auch entspannt und gelöst einschlafen kann. Ängste können auf die Dauer abgebaut werden.

2. Beckenkippen

Ausführung:
Das beschriebene Beckenkippen im Sitzen können Sie ebensogut auch im Liegen durchführen. Sie setzen beide Füße auf, so daß die Beine angewinkelt sind. Dann heben Sie das Becken leicht an, und zwar so, daß das Kreuzbein rund wird und die Lendenwirbel sich etwas dehnen, aber nur so weit, daß der Bauch nicht angespannt werden muß. Daraufhin legen Sie das Kreuzbein weich wieder ab. Erst wenn die Bewegung selbstverständlich abläuft und ohne unnötige Anspannung, wenden Sie Ihre Aufmerksamkeit auch dem Atem zu.
Beim Anheben (nur wenig!) des Beckens fließt der Einatem ein, im Ausatem rollen Sie wieder zurück in die Ausgangslage.

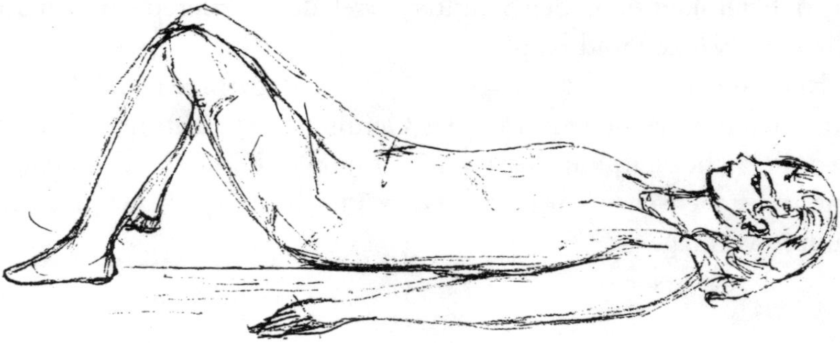

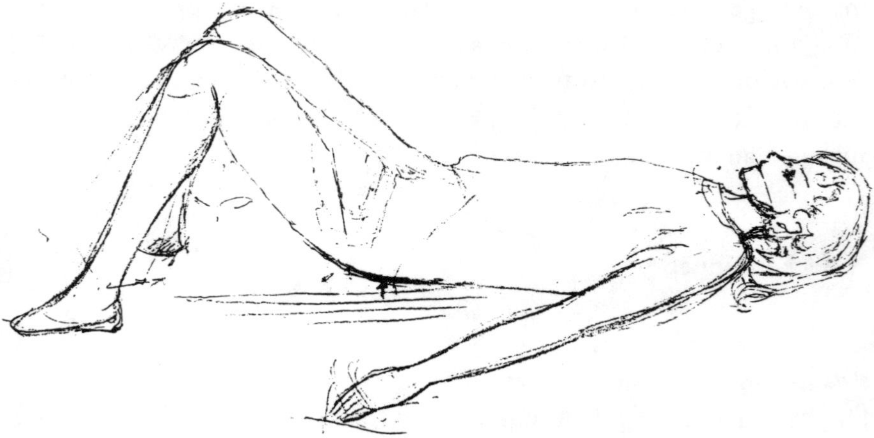

Beckenkippen

Wirkung:
Die Atembewegung fließt weich ins Becken. Es ist eine gute Übung gegen Darmbeschwerden, Verstopfung, Menstruationsbeschwerden und sogenannte »Kreuzschmerzen«.

3. Übung mit dem Reissäckchen oder Sandsäckchen

Ausführung:
Als Hilfsmittel benutzen Sie ein kleines Stoffsäckchen, etwa 10x15 cm groß, gefüllt mit Sand oder Reis.
In Rückenlage winkeln Sie die Beine wieder an und setzen die Füße auf. Sie spüren, wie der Rücken aufliegt, besonders das Kreuzbein. Nun nehmen Sie das Sandsäckchen und schieben es quer unter das Kreuzbein, so daß die Knochenplatte des Kreuzbeines genau auf dem Sandsäckchen liegt.
Allmählich versuchen Sie, sich nicht mehr gegen den Druck des Sandsäckchens zu wehren, sondern sich ganz darauf niederzulassen, indem Sie Ihr Gewicht abgeben und sich für den Druck öffnen. Nach einer Weile werden Sie das Sandsäckchen kaum mehr spüren. Die Bauchdekke sollte möglichst gelöst sein, so daß der Atem frei fließen kann, denn Druck löst immer vermehrte Atembewegung aus. Nach einiger Zeit, die Sie selbst ermessen, nehmen Sie das Sandsäckchen wieder fort und vergleichen nun die rückwärtige Auflage Ihres Beckens, der Lendenwirbelsäule, des gesamten Rückens mit der Ausgangslage vor der Übung.

Wirkung:
Zuerst wird Ihnen die veränderte Lagerung Ihres Beckens auffallen: es liegt weicher und breiter, scheinbar tiefer im Boden. Auch die Lendenwirbel liegen flacher auf. Die ganze Wirbelsäule hat sich etwas auseinandergedehnt, verursacht durch den Druck auf das Kreuzbein.
Eine gute Übung, um günstig auf das »Hohlkreuz« einzuwirken und das Kreuzbein zu entlasten. Die vermehrte Atembewegung im Becken und Bauchraum fördert in diesem Bereich die Tätigkeit der Organe und die Durchblutung.

4. »Halbmond«

Ausführung:
Sie liegen wieder in Rückenlage, die Beine sind ausgestreckt, die Arme befinden sich neben dem Körper. Beide Beine legen Sie nun nacheinander etwa 10 cm nach links, dann heben Sie den rechten Arm hoch und legen ihn hinter dem Kopf ab, schließlich neigen Sie den Kopf etwas nach links und rutschen mit dem Oberkörper und Arm nach, aber nur so weit, daß die Schultern noch fest auf dem Boden verbleiben.
Folgerichtig müßte die rechte Außenseite des Körpers nun eine Art Halbbogen bilden, daher der Name »Halbmond«.
In dieser Lage dehnen Sie die rechte Körperseite sanft noch ein wenig auseinander, es braucht nach außen kaum sichtbar zu sein. Der Einatem folgt der Drehung, und ohne den Einatem zu überziehen, entlassen Sie den Ausatem anschließend wieder, indem Sie aus der Dehnung in die Ausgangslage zurückgleiten. Diesen Vorgang wiederholen Sie 3- bis 4mal.
Je zarter und feiner die Bewegung, um so tiefer die Wirkung. Anschließend legen Sie sich wieder ganz gerade hin und richten die Wirbelsäule gut aus, die Beine sind ausgestreckt, und die Arme liegen neben dem Körper wie zu Beginn.
Dasselbe probieren Sie nun zur anderen Seite, die Beine wandern nach rechts, der linke Arm liegt hinter dem Kopf, und der Oberkörper neigt sich zur rechten Seite. Die linke Körperseite bildet den Halbbogen, und weiter geht es dann wie beschrieben.
Das können Sie mehrfach auf beiden Seiten wiederholen.

Wirkung:
Neben der starken Belebung der Körperseiten wird die Wirbelsäule sehr stark angesprochen. Und zwar ist diese Übung sehr gut gegen Skoliose (seitliche Verkrümmung der Wirbelsäule). Es ist zu empfehlen, die Übung immer zu beiden Seiten zu machen.

Abd-ru-shin — Im Lichte der Wahrheit, Gralsbotschaft, Verlag der Stiftung Gralsbotschaft, Stuttgart

Abd-ru-shin — Fragenbeantwortungen, Verlag der Stiftung Gralsbotschaft, Stuttgart

Gerda Alexander — Eutonie - Ein Weg der körperlichen Selbsterfahrung, Kösel Verlag, München 1984

Elfriede Hengstenberg — Entfaltungen - Bilder und Schilderungen aus meiner Arbeit mit Kindern, arbor Verlag, Heidelberg 1991

Dr. Manfred Mayrhofer — Sanskrit - Grammatik Sammlung, Goeschen, Berlin 1964

Ilse Middendorf — Der Erfahrbare Atem, Eine Atemlehre, Junfermann-Verlag, Paderborn 1984

Dr. G. Ludwig Schmitt — Atemheilkunst, Hans Georg Müller Verlag, München und Berlin/Humata Verlag Harold S. Blume, Bern und Salzburg 1956

Raum und Zeit - die neue Dimension der Wissenschaft, Nr.48, Dez. 1990, Ehlers-Verlag GmbH, Dietramszell

Alice Schaarschuch — Lösungs- und Atemtherapie, Ein Weg der ganzheitlichen Entwicklung (Aufzeichnungen aus dem Nachlaß zusammengestellt von Annalisa Martens), Haag und Herchen Verlag, Frankfurt 1985

Clara Schlaffhorst und Hedwig Anderson — Atmung und Stimme, Möseler Verlag, Wolfsbüttel o.J.

Dr. Ernst Wasserzieher — Woher? Ableitendes Wörterbuch, Dümmler Verlag, Bonn 1974

Gesund werden . Gesund bleiben

Annemarie Banzhaf u.a.
Den ganzen Menschen heilen
Hardcover, 14,5 x 21 cm
144 Seiten
ISBN 3-87860-202-2

Christopher Vasey
Das Blut-Geheimnis
Hardcover, 14,5 x 21 cm
110 Seiten
ISBN 3-87860-229-4